PLATIN EDITION

Unsere 150 Liebsten

VEGGIE-REZEPTE

VEGETARISCH, VEGAN UND GRANDIOS!

INHALT

04 FRÜHSTÜCK

22 SNACKS

62 SALATE

86 SUPPEN, EINTÖPFE & CURRYS

Mit diesem Symbol sind alle veganen Gerichte gekennzeichnet.

Die Backzeiten können je nach Herd variieren. Unsere Temperaturangaben beziehen sich auf das Backen im Elektroherd mit Ober- und Unterhitze.

INHALT

112 HAUPTGERICHTE

180 DIPS

194 SÜSSES

216 REGISTER
224 BILDNACHWEIS
224 IMPRESSUM

FRÜHSTÜCK

Noch müde und ein bisschen verschlafen? Zeit für ein echtes Power-Frühstück! Porridge, Overnight-Oats, Frühstücksbowls und selbst gebackenes Brot bringen Ihr Energielevel auf Hochtouren! So starten Sie perfekt in den Tag!

Für 1 Brot (ca. 20 Scheiben) • 25 Min. Zubereitung • 1 Std. 15 Min. Ruhen • 50 Min. Backen • Pro Scheibe ca. 115 kcal, 4 g E, 1 g F, 23 g KH

BAUERNLAIB

KLASSIKER

500 g Buttermilch
15 g frische Hefe (½ Würfel)
75 g flüssiger Sauerteig (selbst angesetzt oder Fertigprodukt)
300 g Weizenmehl (Type 550)
250 g Roggenmehl (Type 1150)
12 g Salz
1 ½ TL Brotgewürz

AUSSERDEM
Mehl zum Arbeiten
1 Gärkörbchen (24 cm ∅)
1 Brotbackstein

GUT ZU WISSEN
Um ganz sicherzugehen, dass das Brot fertig ist, hilft nur eines: auf die Unterseite klopfen. Hört es sich hohl an, ist das Brot fertig. Klingt es eher dumpf, muss es noch ein paar Minuten weiterbacken.

1 Die Buttermilch lauwarm erwärmen, danach in eine Rührschüssel geben. Die Hefe hineinbröckeln und darin auflösen. Sauerteig unterrühren. Beide Mehlsorten, Salz und Brotgewürz dazugeben. In der Küchenmaschine auf kleinster Stufe 3 Min. kneten, dann auf nächsthöherer Stufe weitere 3 Min. kneten.

2 Den Teig auf die bemehlte Arbeitsfläche geben, zu einer Kugel formen und mit Frischhaltefolie abgedeckt 30 Min. ruhen lassen. Anschließend den Teig rund formen.

3 Das Gärkörbchen mit einem Tuch auslegen und dieses mit Mehl bestäuben. Den Teig mit der Naht nach unten hineinlegen und an einem warmen Ort ca. 45 Min. gehen lassen, bis er etwa zur doppelten Größe aufgegangen ist.

4 In der Zwischenzeit den Backofen mitsamt Backstein (zweite Schiene von unten) 45 Min. auf 220° vorheizen und dabei zugleich ein Backblech (unten) mit 300 g Wasser aufheizen. Ein Küchenbrett mit Backpapier auslegen. Den Teig daraufstürzen und mithilfe des Backpapiers auf den Backstein ziehen.

5 Nach 10 Min. Backzeit die Temperatur auf 200° herunterschalten und das untere Blech herausnehmen. Das Brot weitere 35–40 Min. backen, bis es sich beim Klopfen auf die Unterseite hohl anhört. Auf einem Kuchengitter auskühlen lassen.

Für 1 Brot (ca. 15 Scheiben) • 20 Min. Zubereitung • 8 Std. Ruhen • 45 Min. Backen • Pro Scheibe ca. 100 kcal, 3 g E, 2 g F, 17 g KH

APFELBROT

VOLLWERT-REZEPT

350 g säuerliche Äpfel
40 g getrocknete Feigen
40 g Rosinen
50 g Zitronensaft
40 g Rohrzucker
40 g Walnusskerne
200 g Vollkorn-Dinkelmehl
3 TL Backpulver
10 g Kakaopulver
1 TL Zimtpulver
1 Prise Salz

AUSSERDEM
1 kleine Kastenform (20 cm lang)

1 Am Vortag die Äpfel waschen, abtrocknen, vierteln und entkernen. Die Apfelviertel in dünne Scheiben schneiden. Feigen fein würfeln. Äpfel, Feigen, Rosinen, Zitronensaft, 40 g Wasser und Zucker in einer Schüssel mischen. Abgedeckt ca. 8 Std. ziehen lassen.

2 Backofen auf 180° vorheizen, Form mit Backpapier auslegen. Walnüsse grob hacken und mit Mehl, Backpulver, Kakao, Zimt und Salz mischen. Mit dem Apfel-Mix zu einem dicken, zähen Teig verrühren. Teig in die Form geben, mit einem Esslöffel glatt streichen.

3 Im vorgeheizten Ofen (untere Mitte) 20 Min. backen, dann die Temperatur auf 160° herunterschalten und weitere 25 Min. backen. Das Brot herausnehmen, mit Wasser bestreichen und 10 Min. in der Form abkühlen lassen. Erst dann auf ein Kuchengitter stürzen.

Für 1 Brot (ca. 20 Scheiben) • 10 Min. Zubereitung • 35 Min. Backen • Pro Scheibe ca. 105 kcal, 4 g E, 4 g F, 14 g KH

QUARK-ROSINEN-BROT

SCHNELL

75 g Rosinen
250 g Weizenmehl (Type 405)
1 Pck. Backpulver
40 g Zucker
1 TL abgeriebene Bio-Zitronenschale
2 g Salz
250 g Magerquark
2 Eier (M)
4 EL Rapsöl

AUSSERDEM

1 mittelgroße Kastenform (25 cm lang)
Butter für die Form

1 Die Rosinen in einer kleinen Schale mit kochendem Wasser übergießen. 5 Min. quellen, dann gut abtropfen lassen.

2 Mehl, Backpulver, Zucker, Zitronenschale und Salz mischen. Quark, Eier und Öl dazugeben und in der Küchenmaschine zu einem glatten, zähen Teig verkneten. Die Rosinen zuletzt kurz unterrühren.

3 Den Backofen auf 180° vorheizen, die Form einfetten. Den Teig in die Form geben und glatt streichen. Im vorgeheizten Ofen (untere Mitte) in ca. 35 Min. goldbraun backen. Anschließend herausnehmen, auf ein Kuchengitter stürzen und auskühlen lassen.

Für 4 Personen • 25 Min. Zubereitung • ca. 4 Wochen haltbar • Pro Portion ca. 320 kcal, 1 g E, 3 g F, 71 g KH

BANANEN-KIRSCH-AUFSTRICH

AROMATISCH

1 Bio-Zitrone • 3 reife Bananen • 15 g Kokosraspel • 50 g getrocknete gesüßte Soft-Kirschen • 200 g Gelierzucker (1:1)

1 Die Zitrone heiß waschen, trocken tupfen, ½ TL Schale abreiben und den Saft auspressen. Die Bananen schälen, 250 g Fruchtfleisch abwiegen, in grobe Stücke schneiden und mit Zitronenabrieb und -saft in einen hohen Rührbecher füllen. Die Kokosraspel zugeben und alles mit einem Stabmixer fein pürieren.

2 Die Kirschen grob hacken. Das Bananenpüree mit dem Gelierzucker in einen Topf füllen, unter Rühren aufkochen und ca. 4 Min. unter ständigem Rühren sprudelnd kochen, dabei kurz vor Ende der Garzeit die Kirschen unterrühren. Den Bananen-Kirsch-Aufstrich in ein Schraubglas füllen, abkühlen lassen und kalt stellen. Dazu passen Dinkelbrötchen.

Für 4 Personen • 25 Min. Zubereitung • 1–2 Tage haltbar • Pro Portion ca. 435 kcal, 6 g E, 33 g F, 29 g KH

KIWI-AVOCADO-AUFSTRICH

VITAMINREICH

½ Bio-Zitrone • 2 Kiwis (ca. 180 g) • 90 g Gelierzucker (1:1) • 1 reife Avocado (ca. 225 g) • 150 g Doppelrahmfrischkäse • 80 g Mascarpone • 25 g gehackte Pistazienkerne

1 Die Zitrone heiß waschen und trocken tupfen, die Schale abreiben und den Saft auspressen. Kiwis schälen, klein würfeln, mit Zitronenabrieb und Gelierzucker in einen Topf geben und mit einer Gabel zerdrücken. Alles erhitzen, unter Rühren ca. 5 Min. kochen, dann abkühlen lassen.

2 Inzwischen Avocado längs halbieren, Kern entfernen, Fruchtfleisch aus der Schale lösen und grob zerschneiden. Mit 1 EL Zitronensaft, Frischkäse und Mascarpone pürieren. Etwa 100 g Kiwikonfitüre und Pistazien unterrühren, dabei einige Pistazien beiseitelegen und den fertigen Aufstrich damit garnieren. Restliche Kiwikonfitüre dazu reichen. Dazu passt Zwieback oder Knäckebrot.

Für 4 Personen • 30 Min. Zubereitung • 35 Min. Garen • 1–2 Tage haltbar • Pro Portion ca. 270 kcal, 4 g E, 15 g F, 31 g KH

MANGO-KÜRBIS-CREME

HERBST-REZEPT

250 g Hokkaido-Kürbis • 2 EL Sonnenblumenöl • 3 EL Rohrzucker • 1 reife Mango (ca. 380 g) • 150 g Doppelrahmfrischkäse

1 Backofen auf 180° vorheizen, ein Blech mit Backpapier auslegen. Kürbis waschen, putzen und mit Schale klein würfeln (ca. 2 × 2 cm). Die Würfel mit 1 EL Öl mischen und auf einer Hälfte des Blechs verteilen. Mit 1 EL Zucker bestreuen, ca. 35 Min. im heißen Ofen (Mitte) garen.

2 Inzwischen Mango schälen, Fruchtfleisch vom Stein schneiden, klein würfeln (ca. 2 × 2 cm). Mit restlichem Öl (1 EL) mischen und nach ca. 15 Min. Backzeit mit auf das Blech legen. Mit 1 EL Zucker bestreuen und mitgaren. Alles auskühlen lassen. 100 g Kürbis und 100 g Mango mit Frischkäse und 1 EL Zucker pürieren. Die Creme nach Belieben mit den übrigen Mangowürfeln garnieren. Dazu passen Körner- oder Müslibrötchen.

Für 4 Personen • 30 Min. Zubereitung • 1 Std. Ruhen • ca. 7 Tage haltbar • Pro Portion ca. 300 kcal, 5 g E, 15 g F, 32 g KH

PFLAUMENPASTE MIT WALNUSS-KROKANT

FÜR GÄSTE

½ Vanilleschote • 175 g getrocknete Soft-Pflaumen • 1 TL Ceylon-Zimtpulver • 120 ml Mandeldrink • 85 g Walnusskerne • 30 g Puderzucker • 1 TL Butter • 1 TL Kakaopulver (schwach entölt)

1 Mark aus der Vanilleschote herauskratzen. Pflaumen klein schneiden, mit Vanillemark, Zimt und Mandeldrink in einem Topf kurz aufkochen und ca. 1 Std. ohne Hitze zugedeckt ziehen lassen.

2 Inzwischen Walnüsse grob hacken, mit Puderzucker und Butter in einer beschichteten Pfanne unter ständigem Rühren goldbraun (nicht zu dunkel!) karamellisieren. Auf einem mit Backpapier ausgelegten Blech abkühlen lassen. Mit dem Kakao zur Pflaumenmischung geben, dabei 1 TL Walnuss-Krokant beiseitelegen. Die Pflaumenmischung fein pürieren und mit dem übrigen Walnuss-Krokant garnieren. Dazu passen Croissants.

Für 6 Personen • 20 Min. Zubereitung • 2–3 Tage haltbar • Pro Portion ca. 200 kcal, 7 g E, 15 g F, 9 g KH

FEIGEN-ZIEGENKÄSE-AUFSTRICH

GELINGT LEICHT

20 g Pinienkerne
2 Frühlingszwiebeln
2 Zweige Thymian
75 g getrocknete Soft-Feigen
200 g Ziegenfrischkäse
75 g Crème fraîche
1 TL mittelscharfer Senf
2 EL Orangensaft
Salz, Pfeffer

1 Pinienkerne in einer beschichteten Pfanne ohne Fett goldbraun rösten, herausnehmen und abkühlen lassen. Von den Frühlingszwiebeln die Wurzelansätze und die welken grünen Teile abschneiden. Frühlingszwiebeln waschen, samt Grün in feine Ringe schneiden. Thymian waschen, trocken schütteln, Blättchen abzupfen, einen kleinen Teil beiseitelegen, den Rest fein hacken. Feigen klein würfeln.

2 Ziegenfrischkäse, Crème fraîche, Senf, Orangensaft und den gehackten Thymian in einer Rührschüssel mit den Rührbesen des Handrührgeräts cremig rühren. Mit Salz und Pfeffer abschmecken.

3 Je 1 TL von den Pinienkernen, den Frühlingszwiebeln und den Feigen beiseitelegen, die jeweiligen Reste unter die Frischkäsemischung rühren. Den Aufstrich mit den beiseitegelegten Pinienkernen, den Frühlingszwiebelringen, den Feigenwürfeln und den Thymianblättchen garnieren. Dazu passt geröstetes Weißbrot.

Für 4 Personen • 25 Min. Zubereitung • 30 Min. Backen • 3–4 Tage haltbar • Pro Portion ca. 370 kcal, 14 g E, 20 g F, 33 g KH

HUMMUS MIT ROTER BETE

ORIENTALISCH

250 g Rote Bete
5 EL Olivenöl
1 Dose Kichererbsen (ca. 250 g Abtropfgewicht)
1 Knoblauchzehe
2 EL Zitronensaft
25 g Tahin (Sesampaste)
Salz, Pfeffer
½ TL gemahlener Kreuzkümmel

1 Den Backofen auf 180° vorheizen und ein Backblech mit Backpapier auslegen. Die Rote Bete schälen (dabei am besten Einmalhandschuhe verwenden, da Rote Bete stark abfärbt) und in ca. 1,5 cm große Würfel schneiden. Diese mit 1 EL Öl gut vermischen und auf dem Blech verteilen. Dann die Rote Bete 25–30 Min. im heißen Ofen (Mitte) backen, herausnehmen und abkühlen lassen.

2 Inzwischen die Kichererbsen in ein Sieb abgießen, kalt abbrausen und gut abtropfen lassen. Den Knoblauch schälen und grob hacken. Mit Kichererbsen, Zitronensaft, Tahin, 3 EL Öl und 70 g gebackener Roter Bete fein pürieren. Dann 50–60 ml Wasser untermengen und mit Salz, Pfeffer und Kreuzkümmel abschmecken. Den Hummus mit dem übrigen Öl (1 EL) beträufeln und mit den restlichen Rote-Bete-Würfeln garnieren. Dazu passt Fladenbrot mit Sesam.

*Für 2 Personen • 15 Min. Zubereitung •
Pro Portion ca. 635 kcal, 21 g E, 26 g F, 76 g KH*

HIRSE-PORRIDGE MIT PEKANNÜSSEN

EINFACH

50 g Hirseflocken • 50 g zarte Haferflocken • 600 ml Sojadrink • 2 EL Ahornsirup • 1 Pck. Bourbon-Vanillezucker • Salz • 2 EL Cashew-Mus • 1 Banane • 80 g Heidelbeeren • 2 EL Pekannusskerne • 2 EL getrocknete Cranberrys

1 Die Flocken im Blitzhacker fein zermahlen. In einem kleinen Topf mit Sojadrink, 1 EL Ahornsirup, Vanillezucker und 1 Prise Salz aufkochen und unter Rühren bei schwacher bis mittlerer Hitze ca. 3 Min. köcheln lassen. Vom Herd nehmen, das Cashew-Mus unterrühren. Mit Salz abschmecken und auf zwei tiefe Teller verteilen.

2 Banane schälen, in Scheiben schneiden. Die Heidelbeeren abbrausen. Pekannusskerne grob zerbröckeln. Porridge mit dem restlichen Ahornsirup beträufeln, Bananenscheiben und Heidelbeeren darauf anrichten. Mit Cranberrys und Pekannüssen bestreuen, noch warm genießen.

*Für 2 Personen • 10 Min. Zubereitung •
Pro Portion ca. 745 kcal, 9 g E, 50 g F, 62 g KH*

SMOOTHIE-BOWL

FRUCHTIG

250 g Himbeeren (ersatzweise TK) • 2 Bananen • 250 g vegane Joghurtalternative Kokos • 4 EL zarte Haferflocken • 1 EL Ahornsirup • 1 EL Zitronensaft • 4 EL Kokos-Chips • 1 Riegel vegane weiße Schokolade • 2 TL Haselnusskrokant

1 Die frischen Himbeeren kurz abbrausen und trocken tupfen, TK-Himbeeren antauen lassen. Die Bananen schälen und in Scheiben schneiden. 200 g Himbeeren und die Hälfte der Bananenscheiben zusammen mit dem Joghurt, 2 EL Haferflocken, Ahornsirup und Zitronensaft pürieren. Den Smoothie auf Schalen verteilen.

2 Übrige Bananenscheiben halbkreisförmig auf den Smoothies anrichten. Die Kokos-Chips leicht zerbröckeln, die Schokolade fein hacken. Beides mit den übrigen Haferflocken auf die Bowls häufen. Übrige Himbeeren und den Krokant darüberstreuen und die Bowls sofort genießen.

Für 2 Personen • 10 Min. Zubereitung • 12 Std. Quellen • Pro Portion ca. 520 kcal, 13 g E, 20 g F, 58 g KH

BRAZILIAN OVER-NIGHT-OATS

EXOTISCH

100 g Müsli (z. B. Nussmüsli) • 125 g Sojaghurt • 125 ml gelber Fruchtsmoothie (Fertigprodukt) • 1 EL Limettensaft • 1 EL Ahornsirup • 1 EL Cashew-Mus • 1 TL Bourbon-Vanillezucker • 125 g Mangofruchtfleisch • 2 EL gesalzene, geröstete Cashewkerne • 2 Schraubgläser (à 400 ml Inhalt)

1 Am Vorabend Müsli, Sojaghurt, Smoothie, Limettensaft, Ahornsirup, Cashew-Mus und Vanillezucker verrühren und in die Gläser füllen. Verschließen und über Nacht kalt stellen.

2 Am nächsten Morgen die Mango fein würfeln, die Cashewkerne grob hacken. Beides über die Oats streuen und diese sofort genießen oder die Gläser wieder verschließen und mitnehmen.

Für 2 Personen • 15 Min. Zubereitung • 12 Std. Quellen • Pro Portion ca. 570 kcal, 13 g E, 29 g F, 60 g KH

CHAI-SPICE-BIRCHER-MÜSLI

GUT VORZUBEREITEN

80 g Müsli (z. B. Nussmüsli) • 250 g vegane Joghurtalternative • 200 ml Mandeldrink • 3 EL Ahornsirup • Chai-Gewürz-Pulver • 1 säuerlicher Apfel (z. B. Boskop) • 1 EL Kokosöl • 100 g Weintrauben • 2 EL Nuss-Mix

1 Am Vorabend Müsli, Joghurt, Mandeldrink und 2 EL Ahornsirup in einer Schüssel verrühren. 1 TL Chai-Gewürz unterrühren. Zugedeckt über Nacht im Kühlschrank durchziehen lassen.

2 Am nächsten Tag den Apfel waschen, vierteln, entkernen und in Spalten schneiden. Kokosöl, übrigen Ahornsirup und 1 Prise Chai-Gewürz in einer Pfanne erhitzen, Apfelspalten darin 2–3 Min. andünsten. Weintrauben waschen.

3 Die Müslimischung auf zwei Schalen verteilen. Apfelspalten, Trauben und Nüsse darauf anrichten, mit je 1 Prise Chai-Gewürz garnieren.

Für 4 Personen • 25 Min. Zubereitung • 12 Std. Quellen • Pro Portion ca. 615 kcal, 11 g EW, 25 g F, 83 g KH

BUCHWEIZEN-KAKAO-BREI

GLUTENFREI

FÜR DEN BREI
300 g Buchweizen
500 ml Haselnussdrink (ersatzweise Mandeldrink)
Salz
25 g Kakaopulver
2 EL Ahornsirup
2 TL Lebkuchengewürz (ersatzweise Zimtpulver)

FÜR NÜSSE UND PFLAUMEN
50 g Haselnusskerne
400 g Pflaumen
1 EL Butter
2 EL Ahornsirup
2 EL Kakao-Nibs

TAUSCH-TIPP
Auf diesen gehaltvollen Brei dürfen sich morgens auch Veganer freuen: Mit 1 EL veganer Margarine statt mit Butter zubereitet, ist er nämlich im Handumdrehen vegan.

BREI: Am Vortag den Buchweizen in einer Schüssel mit kaltem Wasser übergießen und abgedeckt ca. 12 Std. oder über Nacht im Kühlschrank quellen lassen. Am nächsten Morgen den Buchweizen in ein Sieb abgießen, kalt abspülen und abtropfen lassen. Buchweizen, Haselnussdrink, 1 Prise Salz, Kakao, Ahornsirup und Lebkuchengewürz in einem Topf mischen. Aufkochen und bei schwacher Hitze ca. 8 Min. köcheln lassen, dabei gelegentlich umrühren. Den Brei dann noch 5–10 Min. quellen lassen.

NÜSSE UND PFLAUMEN: Inzwischen die Nüsse grob hacken und in einer beschichteten Pfanne ohne Fett goldbraun rösten. In eine Schüssel umfüllen, die Pfanne auswischen.

Pflaumen waschen, entsteinen und vierteln. Butter in der Pfanne erhitzen und die Pflaumenviertel darin bei mittlerer Hitze ca. 2 Min. anbraten. Mit Ahornsirup beträufeln und kurz karamellisieren lassen. Die Pfanne dann vom Herd nehmen.

FERTIGSTELLEN: Den Brei durchrühren. Ist er zu dick, löffelweise noch etwas Haselnussdrink unterrühren, bis er cremig ist. Den Brei auf vier Schalen verteilen und die karamellisierten Pflaumen darauf anrichten. Mit den gerösteten Haselnüssen und Kakao-Nibs bestreuen und servieren.

Für 2 Personen • 20 Min. Zubereitung • Pro Portion ca. 540 kcal, 25 g E, 42 g F, 14 g KH

BREAKFAST-BOWL MIT RÜHRTOFU

HERZHAFT

400 g Seidentofu
2 Prisen Kala Namak
½ TL gemahlene Kurkuma
2 TL Speisestärke
Salz
2 EL Olivenöl
1 kleine rote Zwiebel
250 g Kirschtomaten
4 Stängel Basilikum
2 EL veganer Aceto balsamico
Pfeffer
1 kleine Avocado

GUT ZU WISSEN
Das Anbraten des Seidentofus braucht etwas Geduld. Damit er außen schön gebräunt und innen weich ist, sollte er nur hin und wieder gewendet und in der Pfanne verteilt werden.

1 Tofu in einem Sieb abtropfen lassen, dann auf einem tiefen Teller in grobe Stücke zerteilen. Mit Kala Namak, Kurkuma und Speisestärke bestäuben, leicht salzen. Vorsichtig durchrühren, sodass die stückige Konsistenz erhalten bleibt.

2 1 ½ EL Olivenöl in einer beschichteten Pfanne erhitzen. Den Seidentofu darin verteilen und ohne Rühren 5 Min. anbraten. Dann vorsichtig wenden, es sollte sich schon eine hellbraune Kruste gebildet haben. Noch ca. 10 Min. weiterbraten, dabei gelegentlich wenden, bis der Tofu rundherum eine schön hellbraune Kruste bekommen hat, aber innen noch weich ist.

3 Inzwischen die Zwiebel schälen und fein würfeln. Die Tomaten waschen, halbieren. Basilikum waschen und trocken tupfen, die Blätter abzupfen. Alles in eine Schale geben, mit dem Balsamico und dem restlichen Öl mischen, salzen und pfeffern.

4 Die Avocado halbieren und den Kern entfernen. Die Hälften schälen und der Länge nach in schmale Spalten schneiden. Den fertig gebratenen Rührtofu mit Salz und Pfeffer abschmecken. Avocadospalten, marinierte Tomaten und Rührtofu nebeneinander in zwei Schalen oder auf tiefen Tellern anrichten, Avocadoscheiben salzen und mit Pfeffer übermahlen. Sofort genießen! Dazu passt Mehrkornbrot, Toast oder Baguette.

Für 4 Personen • 20 Min. Zubereitung • 5 Min. Backen • 15 Min. Kühlen •
Pro Portion ca. 690 kcal, 12 g E, 34 g F, 79 g KH

MÜSLIBURGER

FÜR KINDER

70 g getrocknete Aprikosen
270 g Nussmüslimischung
1 EL Chia-Samen
1 ½ TL Zimtpulver
Salz
70 g braunes Mandelmus
100 g Reissirup
120 g vegane Joghurtalternative aus Kokos
1 großer Apfel
1 Orange
2 EL vegane Zartbitter-Schokotropfen

AUSSERDEM
Servierring (9 cm ∅)

1 Ofen auf 200° vorheizen und ein Backblech mit Backpapier auslegen. Aprikosen grob hacken, mit 250 g Müslimischung, Chia-Samen, Zimt, 1 Prise Salz, 50 g Mandelmus und Reissirup im Hochleistungsmixer zu einer feinen, klebrigen Masse mixen. Den Servierring auf das Blech setzen, 2 EL Masse einfüllen, andrücken und den Ring entfernen. Auf diese Weise 8 Müslikreise formen. Im Ofen (Mitte) ca. 5 Min. backen, auf ein Kuchengitter ziehen und auskühlen lassen.

2 Joghurt glatt rühren. Apfel schälen, das Kerngehäuse mit dem Apfelentkerner entfernen und aus der Mitte 4 Scheiben (1 cm dick) schneiden. Orange mit einem Messer so schälen, dass die weiße Haut entfernt wird. Aus der Mitte 4 Scheiben (1 cm dick) schneiden. Müslikreise mit je 1 EL Joghurt bestreichen. Auf 4 Müslikreise je 1 Apfel- und 1 Orangenscheibe legen, mit dem übrigen Mandelmus (20 g) beträufeln. Mit Schokotropfen und der übrigen Müslimischung (20 g) bestreuen und mit den übrigen Müslikreisen belegen.

Für 4 Personen • 30 Min. Zubereitung • Pro Portion ca. 690 kcal, 10 g E, 45 g F, 62 g KH

WAFFELBURGER MIT KARAMELL

FÜR GÄSTE

100 g Rohrohrzucker
50 g vegane Margarine
50 ml Hafercreme
1 TL Meersalzflocken
1 Rolle veganer Blätterteig (aus dem Kühlregal)
2 Bananen
1 Avocado
4 TL vegane Zartbitter-Schokotropfen
4 EL Erdnussmus (crunchy)

AUSSERDEM
Herzwaffeleisen
Servierring (9 cm ∅)

1 Zucker und Margarine in einem kleinen Topf bei großer Hitze unter ständigem Rühren schmelzen. Die Hafercreme dazugeben, unter Rühren aufkochen und bei kleiner Hitze ca. 3 Min. köcheln lassen. Die Salzflocken unterrühren, die Sauce in ein sauberes Schraubglas umfüllen und andicken lassen.

2 Das Waffeleisen vorheizen. Den Ofen auf 100° vorheizen und ein Backblech mit Backpapier auslegen. Blätterteig auseinanderrollen und mit dem Servierring 8 Kreise ausstechen. Diese nacheinander mittig im Waffeleisen hellbraun backen und im Ofen warm halten. Bananen schälen, halbieren und längs in 5 mm dicke Scheiben schneiden. Avocado halbieren, entkernen, schälen und das Fruchtfleisch in Scheiben schneiden. Die Schokotropfen hacken. 4 Waffelkreise mit je 1 EL Erdnussmus bestreichen, mit Bananen und Avocadoscheiben belegen und mit Schokotropfen bestreuen. 1 EL Sauce darübergeben und die übrigen Waffelkreise darauflegen.

SNACKS

Kleiner Energiebooster für zwischendurch gesucht? Oder ein Schmackofatz für die nächste Fete? Dann sind unsere vegetarischen und veganen Snacks genau das Richtige! Und so ganz nebenbei ist für Flammkuchen-Sticks, Mini-Tostadas, Veggie-Bällchen und Pizzawaffeln immer Platz.

Für 2 Personen • 20 Min. Zubereitung • Pro Portion ca. 760 kcal, 11 g E, 55 g F, 49 g KH

AVOCADO MIT BRUSCHETTA-FÜLLUNG

ITALIENISCH

1 kleine rote Zwiebel
4 EL veganer Aceto balsamico
1 EL Zucker
Salz
Pfeffer
250 g bunte Kirschtomaten (rot, gelb und orange)
3 Stängel Basilikum
1 Knoblauchzehe
3 Scheiben Ciabatta
2 reife Avocados
3 EL Olivenöl
2 EL Zitronensaft

1 Für das Dressing die Zwiebel schälen und in kleine Würfel schneiden. Mit Balsamico und Zucker in einer Schüssel verrühren, salzen und pfeffern. Etwa 10 Min. ziehen lassen.

2 Die Tomaten waschen und halbieren. Basilikum waschen und trocken tupfen, Blätter abzupfen. Knoblauch schälen und in Scheiben, das Ciabatta in grobe Würfel schneiden. Die Avocados halbieren und den Kern entfernen. Die Vertiefungen jeweils mit einem Löffel etwas größer aushöhlen.

3 Eine Pfanne erhitzen, 2 EL Öl hineingeben. Die Brotwürfel darin in 5–7 Min. goldbraun rösten, dabei immer wieder wenden. Kurz vor Schluss die Knoblauchscheiben dazugeben und etwas mitrösten. Aus der Pfanne nehmen, die Pfanne säubern.

4 Restliches Öl (1 EL) in der Pfanne erhitzen und die Avocadohälften darin mit der Schnittfläche nach unten 1–2 Min. bei mittlerer Hitze anbraten, bis sie leicht gebräunt sind.

5 Die Avocadohälften mit der Schnittfläche nach oben auf zwei Teller legen. Mit dem Zitronensaft einpinseln und mit Salz und Pfeffer würzen. Die Tomatenhälften und das geröstete Brot mit dem Zwiebeldressing mischen, Basilikum unterheben und den Salat in die Avocados füllen. Sofort servieren.

Für 12 Stück • 30 Min. Zubereitung • 30 Min. Ruhen • Pro Stück ca. 110 kcal, 3 g E, 9 g F, 4 g KH

SIGARA BÖREK – SCHAFSKÄSERÖLLCHEN

TÜRKISCH

150 g Yufka- oder Filoteig (ca. 6 rechteckige Blätter)
200 g Schafskäse (Feta; mit mikrobiellem Lab)
2 Stängel Minze
½ Bund Petersilie
Pfeffer
Öl zum Frittieren

TIPP
Wer Fett sparen will, bestreicht die fertigen Röllchen dünn mit 50 g geschmolzener Butter, legt sie auf ein mit Backpapier ausgelegtes Blech und bäckt sie bei 220° (Mitte) 15–20 Min., dabei einmal wenden.

1 Den Teig ca. 30 Min. Raumtemperatur annehmen lassen. Inzwischen den Schafskäse mit einer Gabel fein zerkrümeln. Minze und Petersilie waschen und trocken schütteln, die Blättchen abzupfen und fein schneiden. Mit dem Schafskäse mischen und alles mit Pfeffer würzen.

2 Jeweils 2 Teigblätter übereinanderlegen und diagonal durchschneiden, sodass vier Dreiecke entstehen. Jeweils ein Dreieck mit der längsten Seite unten auf eine Arbeitsfläche legen. Je 2 TL Käsemischung in einem Längsstreifen am unteren Rand entlang verteilen, sodass nach unten ca. 1 cm, nach links und rechts jeweils 2–3 cm längs frei bleiben. Die beiden unteren Ecken nach innen über die Füllung schlagen und den freien Rand von unten nach oben über die eingeschlagenen Ecken und die Füllung vorsichtig straff aufrollen. Die offene Spitze mit etwas Wasser befeuchten und damit die Röllchen verschließen. Die übrigen Röllchen ebenso zubereiten.

3 So viel Öl in eine Pfanne mit hohem Rand gießen, dass das Öl ca. 2 cm hoch darin steht. Erhitzen, bis an einem ins Öl gehaltenen Holzlöffelstiel kleine Bläschen aufsteigen. Jeweils 4 Röllchen hineingeben und in 1–3 Min. knusprig goldbraun ausbacken, dabei mithilfe eines Löffels wenden. Herausnehmen und auf Küchenpapier abtropfen lassen. Die übrigen Röllchen ebenso zügig frittieren und möglichst warm servieren.

Für 4 Personen • 30 Min. Zubereitung • Pro Portion ca. 460 kcal, 9 g E, 17 g F, 64 g KH

MINI-TOSTADAS MIT MANGO-SALSA

MEXIKANISCH

200 g Mangofruchtfleisch
1 Frühlingszwiebel
4 EL Limettensaft
1 TL Zucker
Salz
Pfeffer
Cayennepfeffer (nach Belieben)
250 g Rotkohl
1 EL Öl
3 große Weizentortillas (ca. 300 g)
Öl zum Frittieren
4 EL vegane Mayonnaise
125 g Blattsalat-Mix
4 EL eingelegte Jalapenoringe (nach Belieben)

1 Für die Salsa die Mango fein würfeln. Frühlingszwiebel waschen, putzen und samt frischem Grün in feine Ringe schneiden. Beides mit 1 EL Limettensaft und ½ TL Zucker verrühren sowie mit Salz, Pfeffer und nach Belieben etwas Cayennepfeffer leicht scharf abschmecken. Rotkohl waschen, fein hobeln, mit übrigem Limettensaft und Zucker sowie 1 EL Öl vermischen, salzen und pfeffern.

2 Den Backofen auf 80° vorheizen. Tortillas vierteln und mehrfach mit einer Gabel einstechen. In einem Topf 4 cm hoch Öl erhitzen, Tortillas darin bei nicht zu großer Hitze in ca. 1 Min. goldbraun frittieren, dabei mit der Schaumkelle etwas nach unten drücken und einmal wenden. Auf Küchenpapier entfetten, im Ofen warm halten.

3 Tostadas mit Mayo bestreichen, etwas Salatmix, Rotkohl und Salsa darauf verteilen. Nach Wunsch mit Jalapeños garnieren.

Für 4 Personen • 20 Min. Zubereitung • 20 Min. Backen • Pro Portion ca. 365 kcal, 10 g E, 25 g F, 27 g KH

FLAMMKUCHEN-STICKS

KNUSPRIG

1 EL Öl
100 g Räuchertofu
3 EL vegane Teriyaki-Sauce
1 TL edelsüßes Paprikapulver
Salz
Pfeffer
1 rote Zwiebel
1 Pck. veganer Blätterteig (280 g; aus dem Kühlregal)
70 g vegane Frischkäsealternative
1 TL Kümmel
2 EL Sojaghurt
1 EL Sesam
½ TL Schwarzkümmel

1 Das Öl in einer Pfanne erhitzen. Den Tofu sehr fein würfeln und im heißen Öl in ca. 5 Min. rundherum knusprig braun braten. Mit Teriyaki-Sauce ablöschen, Paprikapulver unterrühren, mit Salz und Pfeffer abschmecken. Die Zwiebel schälen und fein würfeln.

2 Den Blätterteig entrollen, behutsam etwas größer ziehen und über die gesamte Fläche gleichmäßig mit einer Gabel einstechen. Eine Hälfte der Längsseite mit Frischkäse bestreichen und mit dem Kümmel bestreuen, dann die Zwiebel- und Tofuwürfel darauf verteilen. Die unbestrichene Hälfte darüberklappen und gut andrücken.

3 Den Backofen auf 200° vorheizen. Ein Backblech mit Backpapier belegen. Den Teig in 16 Streifen schneiden, mit Sojaghurt bestreichen und mit Sesam sowie Schwarzkümmel bestreuen. Die Streifen jeweils zweimal in sich verdrehen und auf das Blech legen. Im vorgeheizten Ofen (Mitte) in ca. 20 Min. goldbraun backen.

GU
CLOU

Cole Slaw ist der Liebling der Amerikaner – ein knackig-frischer Krautsalat. Doch statt mit einem üppigen Dressing auf Mayonnaisebasis verführt die saftige Rohkost hier leicht und vegan – mit einer pikanten Mandel-Mango-Creme ganz ohne Ei. Salmonellen? Braucht man da nicht zu befürchten.

Für 4 Personen • 1 Std. Zubereitung • Pro Portion ca. 535 kcal, 22 g E, 27 g F, 51 g KH

ROTKOHL-SLAW-WRAPS MIT LUPINE

GUT VORZUBEREITEN

FÜR DEN ROTKOHL-SLAW
500 g Rotkohl
Salz
2 Möhren
1 rote Zwiebel
4 Stängel Petersilie

FÜR DAS DRESSING
200 g Mangofruchtfleisch
80 g Mandelmus (aus dem Glas)
2 EL Olivenöl
4 EL veganer Apfelessig
Salz, Pfeffer

FÜR DIE WRAPS
200 g Lupinenfilet (Bioladen)
1 EL Olivenöl
4 Tortillas (Weizenfladen; à 25 cm ∅)

AUSSERDEM
Butterbrotpapier

ROTKOHL-SLAW: Vom Rotkohl die äußeren Blätter entfernen, den Kohl waschen, putzen, vierteln und den Strunk keilförmig herausschneiden. Die Kohlblätter quer in feine Streifen schneiden. In einer großen Schüssel mit 1 TL Salz mischen und mit den Händen (am besten mit Küchenhandschuhen arbeiten!) ca. 5 Min. kräftig kneten. Die Möhren putzen, schälen und grob raspeln. Die Zwiebel schälen und fein würfeln. Die Petersilie abbrausen, trocken schütteln, die Blätter abzupfen und fein hacken. Möhren, Zwiebel und Petersilie zum Rotkohl geben und gut mischen.

DRESSING: Die Mango schälen, Fruchtfleisch grob würfeln. Mit dem Mandelmus, Olivenöl und Essig in einem Rührbecher mit dem Stabmixer fein pürieren. Mit Salz und Pfeffer würzen. Das Dressing unter die Kohlmischung mengen und ca. 15 Min. ziehen lassen.

WRAPS: Das Lupinenfilet in feine Streifen schneiden und im heißen Öl in einer Pfanne bei mittlerer bis starker Hitze 2–3 Min. unter Wenden braten, warm halten. Die Tortillafladen nach Packungsangabe in der Pfanne oder im Ofen erwärmen, jeweils ein Viertel vom Salat und von den Lupinenstreifen darauf verteilen. Die Wraps fest einrollen, in Frischhaltefolie wickeln. Zum Servieren mit einem scharfen Messer schräg halbieren und am unteren Ende in Butterbrotpapier wickeln.

Für 4 Personen • 25 Min. Zubereitung • 25 Min. Backen • Pro Portion ca. 710 kcal, 33 g E, 45 g F, 42 g KH

PIZZAWAFFELN MIT TOMATENSALAT

FÜR KINDER

FÜR DIE WAFFELN
125 g italienischer Hartkäse (mit mikrobiellem Lab; z. B. Montello)
200 g Mehl
1 TL Backpulver
2 TL getrockneter Oregano
5 Eier (M)
70 ml Olivenöl
250 g passierte Tomaten
Salz, Pfeffer
Fett für das Waffeleisen

FÜR DEN SALAT
4 Ochsenherztomaten
2 EL Olivenöl
Salz, Pfeffer
125 g Mozzarella
½ Bund Basilikum

AUSSERDEM
Waffeleisen

GUT ZU WISSEN
Die Waffeln lassen sich prima einfrieren und portionsweise im Toaster wieder auftauen.

WAFFELN: Den Hartkäse reiben. Mehl, Käse, Backpulver und Oregano mischen. Die Eier, Olivenöl und passierte Tomaten mit den Schneebesen des Handrührgeräts verrühren, die Mehlmischung nach und nach unterrühren und den Teig mit Salz und Pfeffer würzen.

Den Backofen auf 100° vorheizen. Das Waffeleisen erhitzen und gründlich einfetten. Den Teig portionsweise auf das heiße Waffeleisen geben, den Deckel schließen und nacheinander 8 Waffeln goldbraun backen. Die Waffeln auf einem Backblech im Ofen warm halten.

SALAT: Die Tomaten waschen, Stielansätze entfernen. Die Tomaten vierteln, entkernen und in kleine Würfel schneiden. Mit dem Olivenöl, Salz und Pfeffer würzen. Den Mozzarella abtropfen lassen, ebenfalls würfeln und unter die Tomaten heben. Das Basilikum abbrausen, trocken schütteln, die Blätter abzupfen und bis auf ein paar Blätter zum Garnieren in Streifen schneiden und unter die Tomaten mischen.

FERTIGSTELLEN: Die Waffeln mit dem Tomatensalat anrichten und mit Basilikum garniert servieren. Zum Mitnehmen die Waffeln und den Salat separat verpacken.

Für 4 Personen • 45 Min. Zubereitung • Pro Portion ca. 570 kcal, 17 g E, 48 g F, 16 g KH

GRÜNE ANTIPASTI MIT EI

AUS ITALIEN

250 g grüne Bohnen
250 g grüner Spargel
400 g junge Zucchini
500 g Mangold
Salz
4 Knoblauchzehen
8 EL Olivenöl
Pfeffer
2 EL veganer Aceto balsamico bianco
40 g Pinienkerne
4 hart gekochte Eier (M)
8 TL Tomatenpesto (aus dem Glas)

TAUSCH-TIPP
Original italienisch: Die gekochten Eier durch 4 Kugeln Büffelmozzarella (à ca. 125 g) oder 100 g grob gehobelte Parmesanspäne ersetzen.

1 Sämtliche Gemüse waschen und putzen. Die Bohnen in kochendem Salzwasser in 8–10 Min. bissfest garen, abgießen und abtropfen lassen. Spargel im unteren Drittel schälen. Die Stangen in dünne Scheiben schneiden. Zucchini längs in dünne Scheiben schneiden oder hobeln. Die Mangoldstiele in ca. 0,5 cm breite Stücke, die Blätter in ca. 1 cm breite Streifen schneiden. Knoblauch schälen, fein würfeln oder hacken.

2 Eine große, schwere Pfanne mit 2 EL Öl einpinseln. Die Zucchinischeiben in zwei Portionen bei hoher Hitze auf beiden Seiten in 3–4 Min. hellbraun braten. Mit Salz, Pfeffer und Essig würzen. Auf einer Servierplatte oder vier Tellern anrichten.

3 Weitere 2 EL Öl in der Pfanne erhitzen. Die Bohnen mit der halben Menge Knoblauch hineingeben und bei mittlerer Hitze 1–2 Min. braten. Herausnehmen und anrichten. Noch 2 EL Öl in der Pfanne erhitzen und nun den Spargel bei hoher Hitze in ca. 5 Min. unter Wenden braten, dann salzen und pfeffern. Die übrigen 2 EL Öl in der Pfanne erhitzen, restlichen Knoblauch und Mangoldstiele bei mittlerer Hitze ca. 2 Min. andünsten, salzen und pfeffern. 100 ml Wasser angießen, alles aufkochen und zugedeckt etwa 4–5 Min. dünsten. Mangoldgrün zugeben und in ca. 1 Min. zusammenfallen lassen. Nachwürzen und anrichten. Gemüse mit den Pinienkernen bestreuen.

4 Die Eier pellen, längs halbieren und mit Pesto darauf auf den Antipasti anrichten. Dazu passt Ciabatta oder Baguette.

Für 4 Personen • 50 Min. Zubereitungszeit • 30 Min. Ruhen • Pro Portion ca. 340 kcal, 4 g E, 29 g F, 14 g KH

CAPONATA

KLASSIKER

2 mittelgroße Auberginen (ca. 500 g)
Salz
4 Stangen Staudensellerie
500 g Tomaten
100 ml Olivenöl
1 Zwiebel
3 EL Rosinen
3 EL veganer Aceto balsamico
3 EL Kapern
2 EL Pinienkerne
1 Bund Basilikum
Pfeffer

1 Auberginen putzen, waschen und fein würfeln. In einem Sieb mit 1 TL Salz bestreuen und etwa 5 Min. ruhen lassen. Den Staudensellerie putzen, waschen und mit etwas Grün fein hacken. Die Tomaten waschen und halbieren, dabei die Stielansätze entfernen. Die Tomatenhälften hacken.

2 50 ml Olivenöl in einer großen Pfanne erhitzen. Auberginenwürfel darin bei mittlerer Hitze unter häufigem Wenden in etwa 20 Min. weich garen. Aus der Pfanne heben und in einer Schüssel beiseitestellen. Die Pfanne mit Küchenpapier auswischen.

3 Die Zwiebel schälen und in feine Würfel schneiden. Das restliche Olivenöl (50 ml) in der Pfanne erhitzen, die Zwiebelstückchen darin bei mittlerer Hitze in ca. 5 Min. glasig dünsten. Tomaten und Sellerie unterrühren. Das Gemüse einmal kurz aufkochen lassen. Rosinen, Aceto balsamico und Kapern hinzufügen, alles salzen und abgedeckt in ca. 20 Min. weich köcheln.

4 In der Zwischenzeit die Pinienkerne in etwa 3 Min. goldgelb rösten. Das Basilikum abbrausen und trocken schütteln. Die Auberginenwürfel zur Caponata geben, die Hälfte des Basilikums als Sträußchen hineinhängen und ca. 3 Min. mitköcheln.

5 Danach das Basilikum entfernen. Die Caponata etwa 30 Min. auf Zimmertemperatur abkühlen lassen, bei Bedarf mit Salz und Pfeffer nachwürzen. Vor dem Servieren mit dem restlichen Basilikum garnieren. Dazu passt Ciabatta oder Weißbrot.

Für 4 Personen • 40 Min. Zubereitungszeit • Pro Portion ca. 305 kcal, 9 g E, 28 g F, 5 g KH

ALBÓNDIGAS IN TOMATENSAUCE

ZUM BRUNCH

100 ml Gemüsebrühe
40 g Sojaflocken (Asienladen)
2 Schalotten
2 Knoblauchzehen
250 g aromatische Pilze (z. B. Kräuterseitlinge oder eine Mischung aus Champignons und Shiitake)
50 ml Olivenöl
Salz, Pfeffer
3 EL Gemüsebrühe
1 Chilischote
4 Zweige Zitronenthymian (ersatzweise Thymian)
1 Dose stückige Tomaten (400 g)

1 Brühe erhitzen, Flocken darin 20 Min. quellen lassen. Schalotten und 1 Knoblauchzehe schälen, Pilze putzen. Alles fein hacken. 2 EL Öl in einer Pfanne erhitzen. Schalotten und Knoblauch darin ca. 8 Min. dünsten. Pilze zufügen und kurz mitbraten. Alles salzen, pfeffern, mit 3 EL Brühe ablöschen und abgedeckt in etwa 8 Min. weich garen. Flocken ausdrücken und unterrühren. Von der Masse mit einem Löffel Bällchen (Albóndigas) abstechen, beiseitestellen.

2 Chili waschen, halbieren, Stielansatz, weiße Trennwände und Kerne entfernen. Übrige Knoblauchzehe schälen und mit den Chilihälften grob hacken. Thymian abbrausen, trocken schütteln. Die Blättchen abzupfen. Chili, Knoblauch und Tomaten in einem Topf aufkochen. Thymianblättchen hinzufügen und alles etwa 20 Min. offen köcheln lassen. Inzwischen übriges Öl (3 EL) in einer Pfanne erhitzen. Albóndigas darin in ca. 8 Min. rundum knusprig anbraten. Die Sauce salzen, pfeffern, pürieren. Mit den Albóndigas anrichten.

Für 4 Personen • 20 Min. Zubereitungszeit • 2 Std. Marinieren • Pro Portion ca. 415 kcal, 13 g E, 14 g F, 55 g KH

GEEISTE NUDELBOWL

SOMMER-REZEPT

300 g Soba-Nudeln (ersatzweise Udon-Nudeln, Asienladen)
2 Limetten
3 EL vegane Sojasauce
3 EL Sesamöl
½ Salatgurke
¼ schwarzer oder weißer Rettich
3 EL Sesam

AUSSERDEM
10 Eiswürfel

1 Die Nudeln in heißem Wasser einmal aufkochen lassen, dann mit Essstäbchen durchrühren, 100 ml kaltes Wasser nachgießen, wieder aufkochen lassen. Diesen Vorgang noch zweimal wiederholen, bis die Nudeln gar sind. Die Eiswürfel in eine Schüssel füllen. Nudeln direkt aus dem Topf in die Schüssel heben, durchrühren.

2 Die Limetten halbieren, den Saft auspressen und in einer kleinen Schüssel mit Sojasauce und Sesamöl verrühren. Die Nudeln mit dem Dressing vermischen und ca. 2 Std. im Kühlschrank marinieren, dabei mehrfach durchrühren, damit sie nicht verkleben.

3 Gurke putzen, waschen, längs halbieren und die Kerne herausschaben. Den Rettich putzen, schälen. Gurke und Rettich fein raspeln. Die Nudeln nochmals durchrühren und abschmecken. Mit Gurken- und Rettichraspeln garnieren und mit Sesam bestreuen.

Für 2 Personen • 45 Min. Zubereitung • Pro Portion ca. 490 kcal, 24 g EW, 12 g F, 73 g KH

GEMÜSE-SEITAN-SCHASCHLIK

FÜR GÄSTE

1 schmaler Zucchino (ca. 200 g)
Salz
1 kleine rote Paprika
4 Schalotten (à ca. 30 g)
160 g Seitan (im Stück; fertig mariniert, z. B. mit Sojasauce und Ingwer)
180 g Ketchup
150 ml Apfelsaft
2 EL Rapsöl
1 TL mildes Currypulver
Pfeffer
2 vegane Mehrkornbrötchen

AUSSERDEM

4 große Holz-Schaschlikspieße (à mind. 20 cm)

GUT ZU WISSEN

Seitan ist ein pflanzliches Produkt aus dem Weizeneiweiß Gluten. Für Menschen mit einer entsprechenden Unverträglichkeit (Zöliakie) ist Seitan nicht geeignet. Ersatzweise kann man Tofu verwenden, der sich ähnlich verarbeiten lässt.

1 Zucchino waschen, putzen und längs halbieren. Längs 8 ca. 2 mm dünne Scheiben abschneiden oder abhobeln. Die Zucchinischeiben mit Salz bestreuen und kurz ziehen lassen. Die Paprika waschen und längs vierteln, weiße Trennwände und Kerne entfernen. Die Viertel in 12 möglichst quadratische Stücke schneiden. Die Schalotten schälen. 3 Schalotten längs vierteln, 1 Schalotte in feine Würfel schneiden. Den Seitan in 8 gleich große würfelförmige Stücke schneiden.

2 Zucchino mit Küchenpapier trocken tupfen. Jedes Seitanstück mit einer Zucchinischeibe umwickeln. Seitan, Paprika und Schalottenviertel gleichmäßig verteilt abwechselnd auf die Holzspieße stecken. Das Ketchup mit dem Apfelsaft und ca. 60 ml Wasser in einem Schälchen glatt verrühren.

3 Das Öl in einer beschichteten Pfanne (ca. 28 cm ∅) erhitzen und die Spieße darin bei mittlerer bis starker Hitze ca. 5 Min. rundherum anbraten. Die Schalottenwürfel hinzufügen und alles ca. 2 Min. weiterbraten. Die Spieße mit ½ TL Currypulver bestäuben und die Ketchupmischung dazugießen. Alles aufkochen und zugedeckt bei mittlerer Hitze 7–8 Min. köcheln lassen, währenddessen die Spieße ab und zu wenden. Falls die Sauce zu dickflüssig wird, esslöffelweise Wasser hinzufügen. Mit Salz und Pfeffer abschmecken.

4 Je 2 Spieße mit Sauce auf einem Teller anrichten. Mit dem restlichen Currypulver (½ TL) bestäuben und mit den Brötchen servieren.

Für 4 Personen • 50 Min. Zubereitung • Pro Portion ca. 345 kcal, 7 g E, 15 g F, 37 g KH

FRÜHLINGSROLLEN

FINGERFOOD

80 g Glasnudeln
2 Möhren
100 g Shiitake (Pilze)
1 Dose Bambussprossen (Abtropfgewicht 150 g)
ca. 500 ml Frittieröl
3 EL vegane Sojasauce
½ Bund Koriandergrün
50 g Erdnusskerne (gesalzen)
Pfeffer
24 Teigblätter für Frühlingsrollen (à 12 × 12 cm; ersatzweise Strudel- oder Filoteigblätter)
100 ml vegane Sweet-Chili-Sauce (Fertigprodukt)

1 Die Glasnudeln in einer Schüssel mit kochend heißem Wasser übergießen und ca. 4 Min. ziehen lassen. Abgießen, in 5 cm lange Stücke schneiden und beiseitestellen. Die Möhren putzen, schälen und in feine Streifen schneiden. Die Pilze putzen und in Scheiben schneiden. Die Bambussprossen abgießen und abtropfen lassen.

2 Im Wok 2 EL Öl bei mittlerer Hitze erhitzen. Möhren und Pilze unter stetigem Wenden kurz darin anbraten. Die Glasnudeln hinzufügen und kurz mit andünsten. Die Nudel-Gemüse-Mischung vom Herd nehmen und mit Sojasauce würzen. Den Koriander kurz abbrausen, trocken tupfen, die Blätter abzupfen und mit Bambussprossen und Erdnüssen untermischen. Mit Pfeffer würzen.

3 Ein Teigblatt auf die Arbeitsfläche legen und 2 EL Füllung als länglichen Streifen in die Mitte geben. Den Teig von links und rechts über die Füllung schlagen und die Rolle dann von unten nach oben aufrollen. Die übrigen Teigblätter mit der restlichen Füllung ebenso vorbereiten.

4 In einem Wok oder einer Fritteuse (180°) so viel Öl erhitzen, dass man die Frühlingsrollen komplett darin eintauchen kann. Die Frühlingsrollen portionsweise im heißen Öl 3–4 Min. goldbraun frittieren. Auf Küchenpapier entfetten und mit der Sweet-Chili-Sauce zum Dippen servieren.

GU CLOU

Damit die Frühlingsrollen schön knusprig werden, muss das Öl die ideale Temperatur haben. Deshalb Frühlingsrollen nur in kleinen Mengen frittieren. Zwischen den Portionen kurz warten, damit das Öl wieder richtig heiß wird.

Für 4 Personen • 55 Min. Zubereitung • Pro Portion ca. 740 kcal, 25 g E, 23 g F, 99 g KH

BURRITOS MIT KÜRBIS

HERBST-REZEPT

500 g Butternuss-Kürbis (ersatzweise Hokkaido-Kürbis)
2 Knoblauchzehen
4 EL Olivenöl
Salz, Pfeffer
180 g Reis
120 g Cheddar
1 Dose schwarze Bohnen (400 g, ersatzweise Kidneybohnen)
1 Bund Koriandergrün
1 große Zwiebel
¾ TL Chili-con-Carne-Gewürzmischung
4 große Tortillas (Weizenfladen)

1 Backofen auf 220° vorheizen. Kürbis schälen, Kerne und Fasern entfernen und das Fruchtfleisch ca. 1,5 cm groß würfeln. 1 Knoblauchzehe schälen und fein würfeln. Mit dem Kürbis und 2 EL Olivenöl in einer ofenfesten Form mischen, salzen und pfeffern. Im heißen Ofen (Mitte) 30–35 Min. garen.

2 Inzwischen den Reis nach Packungsanweisung in Salzwasser garen. Cheddar grob reiben. Bohnen abgießen, das Einweichwasser dabei auffangen. Koriandergrün waschen, trocken schütteln, Blättchen abzupfen und klein hacken. Zwiebel und übrigen Knoblauch schälen, fein würfeln.

3 Das übrige Olivenöl (2 EL) in einer Pfanne erhitzen, Zwiebel und Knoblauch darin bei kleiner Hitze goldgelb andünsten. Die Bohnen und gut die Hälfte des Einweichwassers zugeben. Mit der Chili-Gewürzmischung, Salz und Pfeffer würzen. Alles offen unter gelegentlichem Rühren 5–10 Min. köcheln, bis die Flüssigkeit verkocht ist.

4 Kürbis aus dem Ofen nehmen, Tortillas nach Packungsanweisung darin erhitzen. Inzwischen Kürbis, Reis und Koriandergrün unter die Bohnen mischen. Alle Tortillas im unteren Drittel mit jeweils einem Längsstreifen aus je einem Viertel der Bohnenmischung belegen, dabei an beiden Rändern des Streifens jeweils etwa ein Viertel frei lassen. Käse über der Füllung verteilen. Fladenseiten links und rechts über die Füllung schlagen und festhalten, dann die untere Seite über der Füllung einschlagen. Die Burritos straff von unten nach oben aufrollen.

GYOZA MIT DIP

GÜNSTIG

Für 4 Personen • 40 Min. Zubereitungszeit • 30 Min. Auftauen • Pro Portion ca. 405 kcal, 12 g E, 31 g F, 21 g KH

30 TK-Gyozateigblätter (Asienladen)
300 g fester Tofu
3 EL getrocknete Pilze (z. B. Shiitake)
1 Bund Schnittlauch (ersatzweise ½ Bund Schnittknoblauch)
1 kleiner Chinakohl (ca. 200 g)
2 Knoblauchzehen
2 EL Maisstärke
Salz, Pfeffer
100 ml Sesamöl
3 EL vegane Sojasauce
1 Limette

GUT ZU WISSEN
Gyoza in größerer Menge zubereiten und roh einfrieren. Dazu erst auf eine Platte legen und etwas anfrieren lassen, dann in einen Gefrierbeutel umfüllen. Bei Bedarf 1–2 Min. antauen lassen, dann wie beschrieben herausbacken.

1 Teigblätter 30 Min. antauen lassen, bis sie sich gut voneinander lösen. Tofu in Küchenpapier, dann in ein Geschirrtuch schlagen, mit einer Pfanne beschweren und ca. 25 Min. pressen, bis Wasser ausgetreten und die Konsistenz fester ist (Bild 1). Pilze ca. 25 Min. in 3 EL heißem Wasser einweichen. Danach herausnehmen und das Einweichwasser beiseitestellen.

2 Schnittlauch und Chinakohl abbrausen, trocken schütteln und fein schneiden (Bild 2). Knoblauch schälen, hacken. Die vorbereiteten Zutaten mit Tofu und Pilzen in einen hohen Rührbecher geben. Die Maisstärke hinzufügen und alles mit dem Pürierstab grob verarbeiten. Salzen und pfeffern.

3 Pilzeinweichwasser, 3 EL Sesamöl und Sojasauce zu einem Dip verrühren. Die Limette halbieren, den Saft auspressen und unter den Dip rühren. Mit Salz und Pfeffer würzen.

4 Gyozateigblätter auf der Arbeitsplatte auslegen (Bild 3). Das erste Blatt am Rand mit Wasser einstreichen. Etwa 1 EL Füllung in die Mitte geben, das Blatt zur Hälfte falten und an den Rändern zusammendrücken. Auf einen großen Teller legen. Die übrigen Teigblätter ebenso verarbeiten (Bild 4).

5 Die Gyoza portionsweise in heißem Sesamöl herausbacken (Bild 5). Hierzu jeweils 3 EL Sesamöl in einer großen beschichteten Pfanne erhitzen und die Gyoza darin ca. 3 Min. knusprig backen, bis sie sich vom Pfannenboden lösen. Dann wenden und noch 1 Min. anbraten. Mit ca. 60 ml heißem Wasser begießen (Vorsicht, Spritzgefahr!). Sofort einen Deckel aufsetzen.

6 Gyoza 3–4 Min. im verdampfenden Wasser nachgaren, dann herausnehmen und warm stellen. In gleicher Weise die übrigen Gyoza verarbeiten. Mit der Dipsauce servieren (Bild 6).

Für 16 Stück • 50 Min. Zubereitung • 12 Std. Einweichen • Pro Stück ca. 135 kcal, 3 g E, 9 g F, 10 g KH

LINSEN-FRITTERS

AUS INDIEN

200 g Urad Dal (geschälte schwarze Linsen)
1 Zwiebel
1 grüne Chilischote
1 Stück Ingwer (ca. 4 cm lang)
1 EL Öl
½ TL gemahlener Kreuzkümmel
½ Bund Koriandergrün
Salz
Pfeffer
60 g Reismehl
½ TL Backpulver

AUSSERDEM
ca. 500 ml Öl zum Arbeiten und Frittieren

DAS PASST DAZU
Zu den Fritters passt sehr gut das Tomaten-Dattel-Chutney (s. S. 188) oder das pikante Mango-Chutney (s. S. 189).

1 Die Linsen in einer Schüssel mit kaltem Wasser bedecken und mindestens 12 Std. (über Nacht) einweichen. Zwiebel schälen, fein würfeln. Die Chilischote halbieren, Stielansatz, weiße Trennwände und Kerne entfernen. Die Hälften waschen und ebenfalls fein würfeln. Ingwer schälen und fein raspeln.

2 Das Öl in einer Pfanne erhitzen. Die Zwiebelwürfel darin unter Wenden ca. 3 Min. andünsten. Chiliwürfel, Ingwer und Kreuzkümmel zugeben, weitere 2–3 Min. dünsten, danach die Würzmischung vom Herd nehmen. Das Koriandergrün kalt abbrausen, trocken schütteln und samt feinen Stängeln hacken.

3 Linsen abgießen, abspülen und gut abtropfen lassen. Im Mixer fein pürieren, bei Bedarf 1–2 EL Wasser zugeben. Würzmischung, gehackten Koriander, 1 TL Salz und Pfeffer unterrühren. Nach und nach das Reismehl einrühren, bis ein gut formbarer, aber nicht zu fester Teig entsteht. Ggf. noch 1 EL Mehl zugeben. Backpulver unterrühren.

4 Mit eingeölten Händen aus je 1 leicht gehäuften EL Teig ca. 16 golfballgroße Kugeln formen, flach drücken und mittig ein Loch einstechen, sodass der Teig wie ein Donut aussieht.

5 Öl eine Handbreit hoch in einem weiten Topf auf 175° erhitzen. Fritters darin portionsweise pro Seite in 3–4 Min. goldbraun frittieren. Auf Küchenpapier entfetten. Heiß servieren.

Für 4 Portionen • 30 Min. Zubereitung • Pro Portion ca. 375 kcal, 11 g E, 13 g F, 53 g KH

AUBERGINEN MIT RAITA

ORIENTALISCH

250 g Pellkartoffeln vom Vortag
½ TL Kreuzkümmelsamen
1 TL Öl
2 EL scharfes Mango-Chutney
400 g griechischer Joghurt
Salz, Pfeffer
2 Auberginen
200 g Mehl
1 TL Currypulver
1 EL Sesam
Öl zum Ausbacken
½ Bund Koriander

1 Kartoffeln pellen und in ca. 0,5 cm große Würfel schneiden. Kreuzkümmel im heißen Öl anrösten, bis er knistert. Samen samt Öl mit Chutney unter den Joghurt rühren. Kartoffelwürfel unterheben, mit Salz und Pfeffer würzen. Kühl stellen.

2 Auberginen waschen, Enden entfernen. Auberginen in ca. 0,5 cm breite Scheiben schneiden, auf Küchenpapier ausbreiten und salzen. Mehl mit 275 ml Wasser, Currypulver, Sesam und etwas Salz zu einem dickflüssigen Teig verrühren. Ca. 5 Min. quellen lassen, noch einmal durchrühren.

3 In einem weiten Topf ca. 2 cm hoch Öl einfüllen und auf ca. 170° erhitzen. Auberginen trocken tupfen, portionsweise in den Teig tauchen und im heißen Fett unter Wenden 3–4 Min. ausbacken. Auf Küchenpapier entfetten. Koriander waschen, trocken schütteln und hacken. Kartoffel-Raita damit bestreuen. Mit Auberginen servieren.

Für 6–8 Portionen • 35 Min. Zubereitung • Pro Portion ca. 130 kcal, 3 g E, 8 g F, 12 g KH

ERDAPFELKAS

AUS BAYERN

400 g vorwiegend festkochende Kartoffeln
½ TL Kümmelsamen
1 Zwiebel
2 EL Butter
2 EL Milch
200 g saure Sahne
Salz, Pfeffer
½ Bund Schnittlauch
Chiliflocken zum Bestreuen

1 Die Kartoffeln gründlich waschen, knapp mit Wasser bedeckt aufkochen. Kümmel dazugeben und die Kartoffeln je nach Größe 20–25 Min. garen. Kartoffeln anschließend abgießen, abtropfen lassen, pellen und noch warm durch eine Kartoffelpresse drücken. Etwas abkühlen lassen.

2 Inzwischen die Zwiebel schälen und fein würfeln. Die Butter zerlassen, die Zwiebel darin glasig andünsten, abkühlen lassen. Die Milch, die Zwiebelmischung und die saure Sahne zur Kartoffelmasse geben und unterrühren, sodass ein geschmeidiger Aufstrich entsteht. Mit Salz und Pfeffer würzen.

3 Schnittlauch waschen, trocken schütteln und in Röllchen schneiden. Unter den Erdapfelkas rühren. Mit Chiliflocken bestreuen und servieren. Der Erdapfelkas schmeckt am besten auf kräftigem Bauernbrot und hält sich abgedeckt im Kühlschrank ca. 5 Tage.

SAMOSAS MIT KARTOFFELFÜLLUNG

PARTYFOOD

Für 12 Stück • 1 Std. 15 Min. Zubereitung • Pro Stück ca. 275 kcal, 6 g E, 12 g F, 36 g KH

FÜR DEN TEIG

250 g Mehl
¾ TL Salz
4 EL zimmerwarmes Ghee (indisches Butterschmalz)

FÜR DIE FÜLLUNG

400 g vorwiegend festkochende Kartoffeln
200 g TK-Erbsen
5 Zweige Minze
1 Zwiebel
1 EL Ghee (indisches Butterschmalz; ersatzweise Öl)
1 TL Garam Masala
Salz
1 EL Zitronensaft

AUSSERDEM

ca. 500 ml Öl zum Frittieren
Chaat Masala (indische Gewürzmischung) zum Bestreuen

DAS PASST DAZU

Lässt die Geschmacksknospen jubeln: Genießen Sie zu den Samosas ein fruchtig-pikantes Chutney (s. S. 188–189).

1 Für den Teig Mehl, Salz und Ghee nach und nach mit 150 ml kaltem Wasser (Bild 1) in ca. 10 Min. glatt verkneten. Mit einem feuchten Tuch abdecken und ca. 30 Min. ruhen lassen.

2 Für die Füllung die Kartoffeln waschen und in kochendem Wasser in ca. 20 Min. weich garen. Die TK-Erbsen in einer Schüssel mit heißem Wasser überbrühen und ca. 5 Min. ziehen lassen. Minze waschen, trocken schütteln, die Blätter abzupfen und fein hacken. Die Zwiebel schälen und fein würfeln.

3 Die Zwiebelwürfel im heißen Ghee bei kleiner Hitze ca. 10 Min. andünsten. Garam Masala einrühren und alles vom Herd nehmen. Kartoffeln abgießen, pellen und ca. 0,5 cm groß würfeln. Erbsen gut abtropfen lassen. Beides mit Minze unter die Zwiebel rühren (Bild 2). Mit Salz und Zitronensaft abschmecken.

4 Den Teig in 6 gleich große Portionen teilen, diese auf der leicht geölten Arbeitsfläche rund (à ca. 20 cm ∅) ausrollen und halbieren (Bild 3). Die gerade Schnittkante der Halbkreise mit Wasser bestreichen, dann leicht überlappend aufeinanderlegen und festdrücken, sodass ein Trichter entsteht (Bild 4).

5 Die Trichter wie eine Eistüte halten, je 1–2 EL Füllung hineingeben (Bild 5), die Teigränder mit Wasser anfeuchten und über der Füllung zusammendrücken. So 12 Samosas formen.

6 Das Öl in einem Topf auf 175° erhitzen. Samosas darin portionsweise pro Seite 3–4 Min. frittieren. Auf Küchenpapier entfetten. Mit Chaat Masala bestreuen und heiß servieren (Bild 6).

Für 4 Portionen • 35 Min. Zubereitung • Pro Portion ca. 700 kcal, 7 g E, 51 g F, 47 g KH

RUNZELKARTOFFELN MIT MOJO

VON DEN KANAREN

1 kg kleine neue Kartoffeln (ersatzweise festkochende oder Drillinge)
120 g grobes Meersalz
3 Knoblauchzehen
1 grüne Paprika
2 grüne Chilischoten
1 Bund Koriandergrün
2 Scheiben veganes Toastbrot vom Vortag (à ca. 25 g)
50 ml veganer Aceto balsamico bianco
Salz
2 TL gemahlener Kreuzkümmel
200 ml mildes Olivenöl
Pfeffer

1 Die Kartoffeln gründlich waschen. In einem Topf knapp mit Wasser bedecken und mit Salz bestreuen. Kartoffeln aufkochen und zugedeckt 20–25 Min. garen. Die Kartoffeln abgießen, zurück in den Topf geben und ohne Deckel für ca. 5 Min. auf der ausgeschalteten, noch heißen Herdplatte stehen lassen, bis sie eine weiße Salzkruste bekommen und runzlig werden. Dabei den Topf ab und zu durchrütteln.

2 Inzwischen für die Mojo Knoblauch schälen. Paprika und Chilischoten waschen, halbieren, weiße Trennwände und Kerne entfernen und grob würfeln. Koriander waschen, trocken schütteln und das untere Drittel der Stängel abschneiden. Toast entrinden und in Stücke zupfen. Vorbereitete Zutaten mit Essig, Salz und Kreuzkümmel pürieren. Dabei nach und nach das Öl untermixen. Mojo mit Salz und Pfeffer würzen und zu den Kartoffeln servieren.

TIPP

Übrige Mojo bleibt im Kühlschrank ca. 5 Tage frisch. Reste portionsweise in einem Eiswürfelbehälter einfrieren und zum Würzen von Suppen, Saucen oder Salatdressings verwenden.

Für 4 Personen • 1 Std. Zubereitung • Pro Portion ca. 425 kcal, 6 g E, 33 g F, 28 g KH

VEGGIE-BÄLLCHEN

AUS INDIEN

FÜR DIE BÄLLCHEN
500 g vorwiegend festkochende Kartoffeln
Salz
3 grüne Thai-Chilischoten
3 Knoblauchzehen
½ TL Garam Masala
3 EL Kichererbsenmehl
Öl zum Frittieren

FÜR DIE SAUCE
1 EL Öl
175 g vegane Masala-Paste (Fertigprodukt)
200 g Kokosmilch
Salz
2 TL Limettensaft
Pfeffer
Zucker
Koriandergrün zum Bestreuen

1 Für die Bällchen Kartoffeln schälen, waschen, würfeln und in kochendem Salzwasser in ca. 15 Min. weich garen. Die Chilis halbieren, Stielansätze, Trennwände und Kerne entfernen. Die Hälften waschen, fein würfeln. Knoblauch schälen, fein würfeln.

2 Abgetropfte Kartoffeln durch die Kartoffelpresse in eine Schüssel drücken. Mit 1 TL Salz, Garam Masala, Chilis, Knoblauch und Kichererbsenmehl verkneten. Aus der Masse mit leicht angefeuchteten Händen ca. 12 Bällchen formen.

3 Für die Sauce das Öl in einem Topf erhitzen. Die Paste darin unter Wenden leicht anbräunen. Kokosmilch und 400 ml Wasser angießen, salzen, aufkochen und mit leicht geöffnetem Deckel 15–18 Min. köcheln lassen. Dabei ab und zu umrühren.

4 Frittieröl in einen weiten Topf ca. 5 cm hoch einfüllen und auf ca. 175° erhitzen. Bällchen darin portionsweise unter Wenden goldbraun frittieren. Auf Küchenpapier entfetten.

5 Die Sauce mit Limettensaft, Salz, Pfeffer und 1 Prise Zucker abschmecken. Die Bällchen darin zugedeckt bei kleiner Hitze ca. 5 Min. ziehen lassen. Koriandergrün waschen, trocken schütteln, Blättchen und feine Stängel fein hacken. Das Curry mit gehacktem Koriander bestreut servieren.

Für 4 Personen • 30 Min. Zubereitung • Pro Portion ca. 400 kcal, 15 g E, 22 g F, 32 g KH

GEMÜSE-KORMA

ORIENTALISCH

800 g gemischtes Gemüse (z. B. Blumenkohl, grüne Erbsen, grüne Bohnen, Paprika, Möhren)
2 Zwiebeln
1 Stück Ingwer (ca. 3 cm lang)
2 EL Ghee (indisches Butterschmalz; ersatzweise Öl)
80 g Cashewkerne
25 g Rosinen
7 grüne Kardamomkapseln
3 Nelken
½ TL Fenchelsamen
200 g griechischer Joghurt (10 % Fett)
Salz

1 Gemüse je nach Sorte putzen, bei Bedarf schälen, dann waschen und in mundgerechte Stücke schneiden. Die Zwiebeln und den Ingwer schälen, beides in feine Würfel schneiden.

2 In einem großen Topf 2 EL Ghee erhitzen. Zwiebeln, Ingwer, Cashewkerne, Rosinen und Gewürze zugeben und unter Wenden ca. 12 Min. dünsten, dabei aufpassen, dass die Zutaten nicht zu dunkel werden. Nach dem Dünsten die Kardamomkapseln und Nelken aus der Würzmischung entfernen, dann 200 ml Wasser angießen, alles aufkochen und ca. 10 Min. bei kleiner Hitze köcheln lassen.

3 Den Topfinhalt mit dem Pürierstab fein pürieren, dann nochmals 200 ml Wasser zugeben und alles aufkochen. Das vorbereitete Gemüse hinzufügen und in ca. 15 Min. bissfest garen. Anschließend den Joghurt löffelweise zugeben und gut unterrühren. Gemüse-Korma mit Salz abschmecken und servieren.

Für 20 Stück • 1 Std. Zubereitung • 22 Min. Backen • Pro Stück ca. 115 kcal, 6 g E, 6 g F, 10 g KH

MINI-BURGERSPIESSE

FÜRS BÜFETT

1 Pck. Brötchenfrischteig (400 g; aus dem Kühlregal)
½ Stange Lauch
500 g rohe vegane Hackalternative (aus dem Kühlregal)
¼ TL geräuchertes Paprikapulver, Salz
2 EL Öl
2 Blätter Eisbergsalat
10 Kirschtomaten
90 g Cajun-Grillsauce (Glas)
40 g Jalapeño-Chiliringe (Glas)

AUSSERDEM

Servierring (5,5 cm ∅)
20 Holzspieße

1 Den Ofen auf 200° vorheizen und zwei Backbleche mit Backpapier auslegen. Den Teig in Stücke teilen und leicht ausrollen. Mit dem Servierring 20 Kreise ausstechen und mit Abstand auf ein Blech legen. Im Ofen (Mitte) ca. 10 Min. backen, herausnehmen und abkühlen lassen. Inzwischen Lauch putzen, waschen, längs vierteln und in feine Streifen schneiden. Mit Hack und Paprikapulver verkneten und mit Salz würzen. Esslöffelgroße Portionen abnehmen, zu 20 Pattys formen, auf das zweite Blech legen und auf beiden Seiten dünn mit Öl einpinseln. Im Ofen (Mitte) ca. 12 Min. backen.

2 Inzwischen Salat waschen, trocken schütteln und in Stücke zupfen. Tomaten waschen und quer halbieren. Auf jeden Holzspieß 1 Tomatenhälfte stecken. Die Minibrötchen quer halbieren und die Hälften mit je ½ TL Cajun-Grillsauce bestreichen. Untere Brötchenhälften mit Salat, Patty und Jalapeños belegen. Mit oberen Brötchenhälften abdecken und mit Tomatenspießen fixieren.

Für 4 Personen • 30 Min. Zubereitung • 20 Min. Backen • Pro Portion ca. 780 kcal, 31 g E, 34 g F, 87 g KH

PIZZABURGER

ITALIENISCH

1 kleine Zwiebel (ca. 100 g)
1 kleine gelbe Paprika (ca. 120 g)
150 g passierte Tomaten
2 TL getrockneter Oregano
Salz, Pfeffer
100 g vegane Reibekäse-alternative
2 EL Öl
4 vegane Burgerpattys (z. B. auf Erbsenproteinbasis)
550 g XXL-Pizzateig (aus dem Kühlregal)
80 g Oliven (in Scheiben)
30 g Kapern

AUSSERDEM
Öl für die Schüssel

GUT ZU WISSEN
Für selbst gemachten Pizzateig 500 g Dinkelmehl (Type 630) mit 2 Päckchen Trockenhefe, 5 EL Öl und 300 ml Wasser glatt verkneten. Zugedeckt ca. 45 Min. gehen lassen.

1 Die Zwiebel schälen und in dünne Ringe schneiden. Die Paprika waschen, halbieren, weiße Trennwände und Kerne entfernen und die Hälften klein schneiden. Die passierten Tomaten mit Oregano, Salz und Pfeffer würzen. 2 EL Reibekäse beiseitelegen. Das Öl in einer großen Pfanne erhitzen und die Pattys darin pro Seite ca. 4 Min. braten.

2 Inzwischen den Ofen auf 200° vorheizen und ein Backblech mit Backpapier auslegen. Den Pizzateig ausrollen und in 8 gleich große Stücke schneiden. Aus 4 Teigstücken Kreise mit 10 cm Durchmesser ausschneiden.

3 Eine flache Schüssel mit 10 cm Durchmesser (am oberen Rand) dünn mit Öl einpinseln und vorsichtig mit einem Teigrechteck auslegen, sodass der Teig an den Seiten übersteht. Je ein Viertel der Paprikastücke und Zwiebelringe darauf verteilen und 1 EL passierte Tomaten darübergeben. 1 Patty daraufsetzen und mit je einem Viertel der Oliven und Kapern belegen. 1 EL passierte Tomaten daraufgeben, mit 3 EL Reibekäse bestreuen. Ein rundes Teigstück darauflegen und beide Teigstücke verbinden, um den Burger zu verschließen.

4 Den Burger vorsichtig wenden und auf das Blech gleiten lassen. 3 weitere Pizzaburger ebenso zubereiten. Die Burger mit dem übrigen Reibekäse bestreuen und im Ofen (Mitte) ca. 20 Min. backen. Herausnehmen und ca. 5 Min. ruhen lassen.

SALATE

Heute soll es megaknackig und superfrisch sein? Zeit für unsere raffinierten Veggie-Salat-Kreationen! Sie reichen von Caesar Salad mit Räuchertofu über Bohnensalat mit Sesam-sauce bis hin zu Fenchel-Pasta-Salat. Gesunder Frischegenuss pur!

Für 2 Personen • 20 Min. Zubereitung • Pro Portion ca. 465 kcal, 23 g E, 31 g F, 21 g KH

CAESAR SALAD MIT RÄUCHERTOFU

KLASSIKER

3 EL vegane Mayonnaise
2 EL Zitronensaft
1 EL Hefeflocken
1 Prise Zucker (nach Belieben)
1 Knoblauchzehe
Salz
Pfeffer
1 großes Römersalatherz (ersatzweise 2 kleine)
250 g Kirschtomaten
1 kleines Bund Petersilie (nach Belieben)
200 g Räuchertofu
5 EL Öl
2 EL vegane Sojasauce
½ längliches Brötchen (z. B. Baguettebrötchen, Laugen- oder Körnerstangen)

1 Mayonnaise, Zitronensaft, 1 EL Wasser, Hefeflocken und nach Belieben Zucker in einer Schale verrühren. Knoblauch schälen und dazupressen. Mit Salz und Pfeffer abschmecken.

2 Das Salatherz entblättern. Die Blätter waschen, trocken schleudern und in breite Streifen schneiden. Tomaten waschen und halbieren. Nach Belieben Petersilie waschen und trocken schütteln, die Blätter abzupfen. Den Tofu grob würfeln.

3 Tofu in 1 EL heißem Öl rundherum goldbraun anbraten. Mit Sojasauce ablöschen, Tofu damit überziehen. Aus der Pfanne nehmen. Die Pfanne säubern, dann 4 EL Öl darin erhitzen. Das Brötchen in dünne Scheiben schneiden und im heißen Öl beidseits knusprig braun anrösten. Auf Küchenpapier entfetten.

4 Salat, Tomaten und nach Belieben Petersilienblätter mit dem Dressing mischen. Brotscheibchen untermischen und alles auf Teller verteilen. Tofu darüberstreuen und genießen.

Für 4 Personen • 20 Min. Zubereitung • Pro Portion ca. 390 kcal, 16 g E, 26 g F, 22 g KH

BOHNENSALAT MIT SESAMSAUCE

SCHNELL GEMACHT

2 Eier (M)
2 Dosen weiße Bohnen (à 250 g Abtropfgewicht)
2 rote Zwiebeln
2 Tomaten
4 EL Rotweinessig
4 EL Olivenöl
Salz, Pfeffer aus der Mühle
1 Zitrone
5 EL Tahin (Sesampaste)
1 TL gemahlener Kreuzkümmel
1 Bund Petersilie

1 Eier in ca. 8 Min. hart kochen, kalt abschrecken und abkühlen lassen. Inzwischen Bohnen in ein Sieb abgießen, kalt abbrausen und abtropfen lassen. Zwiebeln schälen, längs halbieren und längs in dünne Streifen schneiden. Tomaten waschen, längs halbieren, dabei die Stielansätze entfernen. Die Kerne mit einem Teelöffel ausschaben und das Fruchtfleisch klein würfeln. Essig und Öl gründlich verrühren, salzen und pfeffern. Bohnen und Zwiebeln untermengen, auf Tellern anrichten.

2 Zitrone auspressen und den Saft mit Tahin glatt rühren. Nach und nach mit 100–125 ml eiskaltem Wasser zu einem flüssigen Dressing verrühren. Mit Salz, Pfeffer und Kreuzkümmel würzen. Petersilie waschen, trocken schütteln, Blättchen abzupfen und grob hacken. Eier pellen, in Scheiben schneiden und diese halbieren. Dressing über die Bohnenmischung gießen und vermengen. Tomaten, Petersilie und Eier darauf anrichten. Mit Pfeffer übermahlen und servieren.

Für 4 Personen • 25 Min. Zubereitung • Pro Portion ca. 165 kcal, 3 g E, 11 g F, 12 g KH

LÖFFELSALAT

TÜRKISCH

2 Mini-Salatgurken (ersatzweise 1 kleine Salatgurke)
6 Eiertomaten
2 grüne türkische Spitzpaprika
1 rote Zwiebel
1 kleines Bund Petersilie
2 Stängel Minze
2 EL Granatapfelsirup
2 EL Zitronensaft
4 EL Olivenöl
Salz, Pfeffer
1 ½ TL Sumach

1 Die Gurken waschen und putzen, zuerst längs in dünne Scheiben (5–8 mm), dann in kleine Würfel schneiden. Die Tomaten waschen und quer in ähnlich dünne Scheiben schneiden, dabei die Stielansätze und Kerne entfernen. Das Fruchtfleisch sehr klein würfeln. Die Spitzpaprika waschen, halbieren, weiße Trennwände und Kerne entfernen, Paprika sehr klein würfeln. Die Zwiebel schälen und ebenfalls klein würfeln.

2 Petersilie und Minze waschen und trocken schütteln, Blättchen abzupfen und nicht zu fein hacken. Granatapfelsirup, Zitronensaft und Öl verquirlen, salzen und pfeffern. Mit Gurken, Tomaten, Paprika, Zwiebel, Petersilie und Minze mischen. Den Löffelsalat ca. 5 Min. ziehen lassen und nochmals mit Salz und Pfeffer abschmecken. Mit Sumach bestreuen und gleich servieren.

Für 2 Personen • 40 Min. Zubereitung • Pro Portion ca. 644 kcal, 18 g E, 38 g F, 55 g KH

BLUMENKOHL-QUINOA-SALAT

FÜR GÄSTE

100 g bunte Quinoa
Salz
350 g Blumenkohl
2 EL Olivenöl
4 EL Zitronensaft
1 ½ TL Ras el Hanout
4 EL vegane Joghurtalternative Kokos
1 EL Tahin (Sesampaste)
2 TL Zucker
1 Knoblauchzehe
Pfeffer
½ Granatapfel
40 g Walnusskerne
4 Stängel Minze

1 Quinoa waschen, dann in 200 ml kochendem Salzwasser zugedeckt bei kleiner Hitze ca. 20 Min. garen, bis die Flüssigkeit verkocht ist. Ofen auf 220° vorheizen. Ein Backblech mit Backpapier auslegen.

2 Blumenkohl putzen, waschen und in kleine Röschen zerteilen. Diese mit Olivenöl, 1 EL Zitronensaft, 1 TL Ras el Hanout und etwas Salz vermischen, auf das Blech geben und im heißen Ofen (Mitte) in 25 Min. goldbraun backen, dabei nach 15 Min. einmal wenden.

3 Joghurt, Tahin, restlichen Zitronensaft, Zucker und übriges Ras el Hanout verrühren. Knoblauch schälen, dazupressen. Dressing mit Salz und Pfeffer würzen. Granatapfelkerne auslösen.

4 Walnusskerne hacken, Minze waschen und die Blättchen abzupfen. Blumenkohl salzen und pfeffern. Quinoa auf Schalen verteilen, mit Dressing beträufeln. Übrige Zutaten darauf anrichten.

Für 4 Personen • 25 Min. Zubereitungszeit • Pro Portion ca. 415 kcal, 14 g E, 20 g F, 40 g KH

QUINOASALAT MIT HUMMUS

AUS ISRAEL

200 g Quinoa
3 EL Olivenöl
Salz
1 Dose Kichererbsen (400 g)
Pfeffer
40 ml Limettensaft
3 EL Tahin-Sauce (Asienladen)
2 Knoblauchzehen
Keimsprossen (nach Belieben)

1 Quinoa in einem Topf ohne Fett kurz anrösten, mit 500 ml heißem Wasser sowie je 1 EL Öl und Salz aufkochen und ca. 20 Min. bei geringer Hitze quellen lassen. Danach in ein Sieb abgießen.

2 Kichererbsen in ein Sieb geben, kalt abbrausen und abtropfen lassen. Die Hälfte unter die Quinoa rühren und diese mit Salz und Pfeffer pikant abschmecken. Die restlichen Kichererbsen mit 20 ml Limettensaft, Tahin-Sauce und 1 Prise Salz in einen hohen Rührbecher geben und glatt pürieren. Bei Bedarf esslöffelweise heißes Wasser dazugeben, bis eine cremige Konsistenz erreicht ist.

3 Knoblauch schälen, hacken und mit etwas Salz zu einem Mus zerdrücken. Mit restlichem Öl (2 EL) und Limettensaft (20 ml) zu einem würzigen Dressing verrühren und mit Salz abschmecken. Hummus auf Salatschüsseln verteilen, Quinoa darauf anrichten und mit Dressing beträufeln. Nach Belieben mit Sprossen garnieren.

Für 4 Personen • 40 Min. Zubereitung • Pro Portion ca. 325 kcal, 15 g E, 24 g F, 11 g KH

GRÜNER GEMÜSESALAT

FRÜHLINGS-REZEPT

50 g Vitalkerne (z. B. Sonnenblumen-, Kürbis-, Pinienkerne)
500 g grüner Spargel
400 g kleine Zucchini
200 g Zuckerschoten
5 EL Olivenöl
½ Bund Basilikum
½ Bund Petersilie
1 Bio-Zitrone
2 TL Honig
Salz, Pfeffer
80 g italienischer Hartkäse (mit mikrobiellem Lab; z. B. Montello)

MEHR DARAUS MACHEN
Für eine pikante Note 1 EL Kapern (aus dem Glas) abtropfen lassen, hacken und unter das Dressing mischen.

1 Die Kerne in einer heißen Pfanne ohne Fett rösten, bis sie goldbraun sind und duften. Dann vom Herd nehmen und auf einem Teller abkühlen lassen.

2 Den Spargel waschen, die Enden abschneiden, die Stangen im unteren Drittel schälen und schräg in ca. 4 cm breite Stücke schneiden. Die Zucchini waschen, putzen, längs vierteln und in ca. 5 cm lange Streifen schneiden. Die Zuckerschoten waschen und verlesen.

3 Eine Grillpfanne mit 1 EL Öl einstreichen und erhitzen. Den Spargel darin in ca. 5 Min. bei starker Hitze unter Wenden braten. Die Zucchini und Zuckerschoten hinzufügen und weitere 5 Min. mitbraten, dann das Gemüse vom Herd nehmen.

4 Für die Vinaigrette das Basilikum und die Petersilie abbrausen, trocken schütteln, die Blätter abzupfen und hacken. Die Zitrone heiß waschen, abtrocknen, 1 TL Schale fein abreiben und 4 EL Saft auspressen. Die Kräuter mit Zitronensaft und -schale, Honig, Salz, Pfeffer und dem übrigen Öl verrühren.

5 Den Hartkäse mit einem Sparschäler in Späne hobeln. Das Gemüse mit dem Dressing vermischen, mit Salz und Pfeffer abschmecken. Mit dem Käse und den Kernen bestreut servieren. Zum Mitnehmen Salat und Topping getrennt voneinander in Frischhalteboxen packen.

Für 2 Personen • 35 Min. Zubereitung • Pro Portion ca. 665 kcal, 24 g E, 24 g F, 82 g KH

WARMER COUSCOUSSALAT MIT SCHAFSKÄSE

SOMMER-REZEPT

1 Möhre (ca. 100 g)
1 gelbe Paprika (ca. 150 g)
2 Frühlingszwiebeln
1 Dose Kichererbsen (240 g Abtropfgewicht)
3 EL Olivenöl
3 TL Tomatenmark
300 ml Gemüsebrühe
150 g Couscous
Salz
Pfeffer
80 g Schafskäse (Feta; mit mikrobiellem Lab)
½ Bund glatte Petersilie

1 Die Möhre putzen, schälen und in sehr kleine Würfel schneiden. Die Paprika waschen und längs halbieren, weiße Trennwände und Kerne entfernen. Die Paprikahälften in ca. 1 × 1 cm große Stücke schneiden. Die Frühlingszwiebeln putzen, waschen und in feine Ringe schneiden.

2 Die Kichererbsen in ein Sieb abgießen, abbrausen und gut abtropfen lassen. Das Olivenöl in einem Topf (ca. 20 cm ∅) erhitzen. Die Möhre und die Paprika darin unter Rühren bei mittlerer Hitze ca. 5 Min. andünsten. Das Tomatenmark einrühren und ca. 2 Min. anschwitzen.

3 Einige Frühlingszwiebelringe zum Garnieren beiseitelegen. Die übrigen Frühlingszwiebelringe und die Gemüsebrühe in den Topf geben und alles aufkochen. Den Couscous einrühren. Die Couscousmischung mit Salz und Pfeffer würzen und gut durchrühren. Den Topf vom Herd nehmen und den Couscous zugedeckt ca. 10 Min. quellen lassen.

4 Inzwischen den Schafskäse in Würfel schneiden. Die Petersilie waschen und trocken schütteln, die Blätter abzupfen und fein hacken. Petersilie und Kichererbsen unter den Couscous rühren. Den Couscous mit Salz und Pfeffer abschmecken. Den Schafskäse darauf verteilen und die beiseitegelegten Frühlingszwiebeln daraufstreuen.

Für 4 Personen • 45 Min. Zubereitung • Pro Portion ca. 485 kcal, 27 g E, 23 g F, 35 g KH

LINSEN-AUBERGINEN-SALAT

VOLLWERT-REZEPT

250 g Berglinsen
2 Auberginen
8 EL Olivenöl
Salz, Pfeffer
250 g Kirschtomaten
4 Stiele Oregano
150 g Schafskäse (Feta; mit mikrobiellem Lab)
3 EL Weißweinessig

1 Die Linsen in einem Sieb abbrausen, kurz abtropfen und in reichlich ungesalzenem Wasser zugedeckt 25–30 Min. kochen, abgießen, abschrecken, abtropfen und lauwarm abkühlen lassen.

2 Inzwischen den Backofen auf 200° vorheizen. Ein Backblech mit Backpapier belegen. Auberginen waschen, putzen und ca. 2 cm groß würfeln. Mit 6 EL Öl, Salz und Pfeffer gut vermischen. Auberginenwürfel auf dem Blech verteilen und im Ofen (Mitte) in 20–25 Min. weich backen. Herausnehmen und abkühlen lassen.

3 Tomaten waschen und halbieren. Oregano abbrausen, trocken schütteln, die Blättchen abzupfen und hacken. Feta klein würfeln. Essig, Salz, Pfeffer und übriges Öl verrühren. Die Linsen, Auberginen, Tomaten und Oreganoblättchen untermengen und abschmecken. Den Feta darüberstreuen. Den Salat in Gläser oder Frischhalteboxen verteilen und in den Kühlschrank stellen.

Für 4 Personen • 35 Min. Zubereitung • 30 Min. Kühlen • Pro Portion ca. 485 kcal, 12 g E, 22 g F, 54 g KH

HARISSA-BULGUR-SALAT

SCHARF

600 g Möhren
1 Zwiebel
1 Knoblauchzehe
6 EL Olivenöl
2 EL Harissa (scharfe Würzpaste)
250 g Bulgur
500 ml Gemüsebrühe
2 EL Zitronensaft
Salz, Pfeffer
1 Bund Koriandergrün
200 g griechischer Joghurt (10 % Fett)

1 Die Möhren putzen, schälen und in kleine Würfel schneiden. Die Zwiebel und den Knoblauch schälen und fein würfeln. 2 EL Öl in einem Topf erhitzen, Zwiebel, Knoblauch und Möhren darin bei mittlerer Hitze 3–4 Min. unter Wenden dünsten. Das Harissa unterrühren und kurz mitdünsten. Den Bulgur untermischen. Die Brühe angießen, zugedeckt aufkochen und alles bei milder Hitze 10–15 Min. garen. Vom Herd nehmen und ca. 30 Min. abkühlen lassen.

2 In einer Schüssel den Zitronensaft, 2 EL Wasser, Salz und Pfeffer verrühren, die übrigen 4 EL Öl unterschlagen. Den abgekühlten Möhren-Bulgur hinzufügen und gut untermischen. Das Koriandergrün abbrausen, trocken schütteln, Blättchen abzupfen, hacken und unter den Salat mischen. Den Joghurt cremig rühren und dazu reichen. Zum Mitnehmen Salat und Joghurt getrennt verpacken.

Für 4 Personen • 20 Min. Zubereitungszeit • 2 Std. Marinierzeit • Pro Portion ca. 365 kcal, 8 g E, 26 g F, 22 g KH

BROTSALAT MIT KRÄUTER-SALSA

AUS ITALIEN

½ Ciabatta vom Vortag
100 g Walnusskerne
500 g reife Tomaten
1 Salatgurke
1 rote Zwiebel
1 Bund glatte Petersilie
4 EL Olivenöl
2 EL veganer Aceto balsamico (ersatzweise Fruchtessig)
Salz, Pfeffer

1 Ofen auf 160° vorheizen. Ciabatta grob würfeln, auf einem Backblech auslegen und ca. 15 Min. im Ofen (Mitte) knusprig backen. Walnüsse im abkühlenden Ofen rösten, anschließend grob hacken. Tomaten waschen und vierteln, dabei die Stielansätze entfernen. Gurke waschen, längs halbieren, die Kerne herausschaben und das Fruchtfleisch würfeln. Zwiebel schälen, in feine Ringe schneiden.

2 Petersilie kalt abbrausen, trocken schütteln. Die Blättchen von den Stängeln zupfen und fein hacken. Die Stängel mit dem Öl in einen hohen Rührbecher geben und möglichst fein pürieren. Das Petersilienöl abseihen. Mit Essig, Salz und Pfeffer pikant abschmecken.

3 Alle vorbereiteten Zutaten in eine große Schüssel geben und vermischen. Mit Frischhaltefolie abdecken und ca. 2 Std. ziehen lassen. Vor dem Servieren nochmals gut vermischen und abschmecken.

MEHR DARAUS MACHEN
4 EL Kapern in Mehl wenden, in 4 EL heißem Öl anbraten und über den Salat streuen.

Für 4 Personen • 15 Min. Zubereitung • 2 Std. Kühlen • Pro Portion ca. 210 kcal, 3 g E, 17 g F, 10 g KH

BUNTER KRAUTSALAT

GUT VORZUBEREITEN

½ Weißkohl (ca. 500 g)
¼ Rotkohl (ca. 200 g)
1 kleine Möhre (ca. 100 g)
Salz
100 g vegane Mayonnaise
50 g vegane Crème-fraîche-Alternative (z. B. Crème vega)
1 TL Cashew-Mus
2 TL Dijonsenf
1 EL veganer Apfelessig
1 TL Zucker
Pfeffer

1 Vom Weiß- und Rotkohl die äußeren Blätter entfernen, Kohl waschen, den Strunk keilförmig entfernen und beide Kohlsorten in sehr feine Streifen schneiden (oder mit dem Küchenhobel hobeln). Die Möhre waschen, putzen, quer vierteln und in feine Streifen schneiden. Alles in eine große Schüssel mit Deckel geben und mit 1 EL Salz bestreuen. 1 Min. kräftig mit den Händen durchkneten und die entstandene Flüssigkeit abgießen.

2 Mayonnaise, Crème fraîche, Cashew-Mus, Senf, Essig und Zucker in ein Schraubglas geben, mit dem Deckel verschließen und kräftig durchschütteln. Das Dressing mit Salz und Pfeffer würzig abschmecken und über den Salat gießen.

3 Den Salat durchmischen und den Deckel auflegen. Den Salat mind. 2 Std. (oder über Nacht) im Kühlschrank ziehen lassen. Er bleibt gekühlt mind. 3 Tage lang frisch.

Für 4 Personen • 20 Min. Zubereitung • Pro Portion ca. 155 kcal, 5 g E, 2 g F, 26 g KH

KICHERERBSENSALAT

AUS INDIEN

1 Dose Kichererbsen (240 g Abtropfgewicht)
1 mittelgroße rote Zwiebel
½ große Bio-Salatgurke
1 große Pellkartoffel (ca. 250 g)
2 grüne Chilischoten
½ Granatapfel
1 Bund Koriandergrün
5 TL Limettensaft
1 gestr. TL gemahlener Kreuzkümmel
Salz
Pfeffer
1 TL Chaat Masala (indische Gewürzmischung)

1 Kichererbsen in ein Sieb abgießen, kalt abspülen und abtropfen lassen. Zwiebel schälen, halbieren und in feine Scheiben schneiden. Gurke waschen, längs halbieren und die Kerne mit einem Teelöffel herauskratzen. Das Fruchtfleisch klein würfeln. Kartoffel pellen und in kleine Würfel schneiden.

2 Chilis längs halbieren, Stielansatz und nach Belieben die Kerne entfernen. Die Hälften quer in schmale Streifen schneiden. Die Kerne aus dem Granatapfel lösen. Das Koriandergrün waschen, trocken schütteln und samt feinen Stängeln hacken.

3 Limettensaft mit Kreuzkümmel, Salz und Pfeffer in einer großen Salatschüssel verrühren. Alle vorbereiteten Zutaten dazugeben und untermischen. Den Salat mit Chaat Masala abschmecken, auf vier Tellern anrichten und sofort genießen.

DAS PASST DAZU

Traditionell wird der Salat mit einer Gurken-Minze-Raita serviert. Dafür werden 300 g Joghurt, 1 klein gewürfelte Salatgurke, 12 fein gehackte Minzeblätter und ½ TL in Öl gerösteter Kreuzkümmel gut vermischt und mit Salz abgeschmeckt.

Für 4 Personen • 30 Min. Zubereitung • Pro Portion ca. 330 kcal, 12 g E, 20 g F, 26 g KH

FENCHEL-PASTA-SALAT

BALLASTSTOFFREICH

200 g Kichererbsennudeln (z. B. Spirelli)
Salz
2 Knollen Fenchel (à ca. 300 g)
2 große Möhren (à ca. 100 g)
200 g Radicchio
60 g grüne Oliven (mit Mandelfüllung)
2 EL Kapern (aus dem Glas, in Lake)
2 EL veganer Weißweinessig
2 EL veganer Aceto balsamico bianco
Pfeffer
4 EL Olivenöl
40 g italienischer Hartkäse (mit mikrobiellem Lab; z. B. Montello)

GUT ZU WISSEN
Kichererbsennudeln sind eine gesunde Alternative zu Pasta aus Hartweizen. Sie sättigen lange, liefern reichlich Eiweiß, Ballaststoffe, B-Vitamine und Mineralien wie Eisen, Kalzium, Magnesium und Zink.

1 Die Nudeln nach Packungsanweisung in kochendem Salzwasser bissfest garen. In ein Sieb abgießen und abtropfen lassen, dabei 100 ml Nudelkochwasser auffangen.

2 Den Fenchel waschen, das Fenchelgrün abzupfen und beiseitelegen. Die Fenchelknollen jeweils vierteln, vom Strunk befreien und in feine Streifen hobeln oder schneiden. Die Streifen in einer Schüssel mit etwas Salz bestreuen und mit den Händen 1–2 Min. durchkneten. Die Möhren putzen, schälen und grob raspeln. Den Radicchio putzen und in einzelne Blätter teilen. Die Blätter waschen, trocken schleudern und in mundgerechte Stücke zupfen. Die Oliven, falls nötig, abtropfen lassen und je nach Größe halbieren oder dritteln. Die Kapern abtropfen lassen.

3 Für das Dressing in einer großen Schüssel Weißweinessig, Aceto balsamico bianco, etwas Salz sowie Pfeffer und das aufgefangene Nudelkochwasser verrühren. Das Öl nach und nach unterschlagen.

4 Nudeln, Fenchel, Möhren, Radicchio, Oliven und Kapern zum Dressing geben und alles gut vermengen. Das beiseitegelegte Fenchelgrün grob zerzupfen und untermischen. Den Käse mit einem Sparschäler oder auf der Küchenreibe in Späne hobeln und über den Salat streuen.

Für 4 Personen • 30 Min. Zubereitung • Pro Portion ca. 590 kcal, 23 g E, 28 g F, 59 g KH

WÜRZIGER BURGERSALAT

FÜRS BÜFETT

1 Eisbergsalat
4 Burgerbrötchen mit Sesam
2 EL Öl
400 g vegane Hackalternative auf Sojabasis (ersatzweise auf Erbsenproteinbasis)
1 TL rosenscharfes Paprikapulver
Salz, Pfeffer
2 rote Zwiebeln
200 g Gewürzgurken (aus dem Glas)
300 g Ketchup
6 EL vegane Mayonnaise
3 EL vegane Worcester-Sauce

GUT ZU WISSEN
Der Salat lässt sich gut vorbereiten und kann mehrere Stunden im Kühlschrank durchziehen. Damit das Ganze knusprig bleibt, die Brötchenstücke zum Abdecken erst vor dem Servieren darauflegen.

1 Die äußeren Blätter des Eisbergsalats entfernen, den Kopf halbieren, den Strunk herausschneiden und die Hälften in 3 cm große Stücke schneiden. Waschen und trocken schleudern.

2 Die Brötchen halbieren und die Innenseiten in einer großen Pfanne kurz anrösten. Herausnehmen, jede Hälfte vierteln und 14 Stücke von den oberen Hälften beiseitelegen. Das Öl in der Pfanne erhitzen und das vegane Hack darin bei mittlerer Hitze ca. 5 Min. (oder nach Packungsanweisung) anbraten. Mit dem Paprikapulver bestreuen und mit Salz und Pfeffer kräftig abschmecken.

3 Die Zwiebeln schälen, längs halbieren und in Scheiben schneiden. Gurken abtropfen lassen und längs in dünne Scheiben schneiden. Ketchup, Mayonnaise und Worcester-Sauce verrühren und mit Salz und Pfeffer abschmecken.

4 Den Boden einer großen Glasschüssel mit 6 Brötchenstücken auslegen. Je die Hälfte des Salates, der Sauce und des veganen Hacks darüberschichten und gleichmäßig verteilen. 12 Brötchenstücke darauflegen und übrigen Salat und Sauce gleichmäßig darüber verteilen. Gurkenscheiben darauflegen und restliches Hack darauf verteilen. Den Salat mit den beiseitegelegten Brötchenstücken abdecken. Oder je ein Viertel der Zutaten in vier Portionsgläser schichten.

Für 4 Personen • 20 Min. Zubereitung • Pro Portion ca. 250 kcal, 9 g E, 19 g F, 10 g KH

WASSERMELONEN-FETA-SALAT

SOMMER-REZEPT

1 Bio-Limette
4 Stiele Minze
Salz
Pfeffer
3 EL Olivenöl
1 kg Wassermelone
200 g Schafskäse (Feta; mit mikrobiellem Lab)

1 Die Limette heiß waschen und trocken reiben, die Schale mit einem Zestenschneider in feinen Streifen abziehen (alternativ die Schale mit dem Messer dünn abschälen und in feine Streifen schneiden). Die Limette halbieren und 3 EL Saft auspressen. Die Minze abbrausen und trocken schütteln, die Blätter abzupfen und bis auf ein paar Blättchen zum Garnieren in feine Streifen schneiden.

2 Für das Dressing Limettenschale und -saft mit etwas Salz und Pfeffer, den Minzestreifen und dem Olivenöl in einer Schüssel sehr gut verrühren.

3 Die Melone schälen und in mundgerechte Stücke schneiden, dabei die Kerne entfernen. Die Melonenstücke in die Schüssel geben und mit der Limetten-Vinaigrette mischen. Den Feta grob zerkrümeln und daraufstreuen. Mit Minze garniert servieren.

Für 4 Personen • 30 Min. Zubereitung • Pro Portion ca. 420 kcal, 9 g EW, 17 g F, 55 g KH

TABOULÉ MIT GRANATAPFEL

VITAMINREICH

250 g Bulgur
1 Granatapfel
Salz
Pfeffer
6 EL Olivenöl
2 Bund Petersilie
6 Frühlingszwiebeln

1 Den Bulgur in einer Schüssel mit 250 ml kochendem Wasser übergießen und zugedeckt ca. 20 Min. quellen lassen. Inzwischen den Granatapfel andrücken, halbieren und auf einer Zitruspresse auspressen, dabei die Kerne und den Saft getrennt auffangen. Die Kerne von den weißen Häutchen befreien und beiseitelegen. Den Granatapfelsaft in einer Schüssel mit Salz, Pfeffer und Olivenöl verrühren.

2 Die Petersilie waschen und trocken schütteln, die Blätter abzupfen und fein schneiden oder hacken. Die Frühlingszwiebeln waschen und putzen, weiße und hellgrüne Teile in feine Ringe schneiden.

3 Den Bulgur mit einer Gabel auflockern und mit dem Granatapfel-Dressing mischen. Petersilie und Frühlingszwiebeln bis auf ein paar grüne Ringe mit dem Bulgur vermengen. Den Salat mit Salz und Pfeffer abschmecken und auf Tellern anrichten. Mit den Granatapfelkernen und den übrigen Frühlingszwiebelringen bestreuen.

SUPPEN, EINTÖPFE & CURRYS

Wohlige Wärme und pure Zufriedenheit – dafür sorgen Kürbissuppe, cremige Grünspargelsuppe, Zucchini-Möhren-Curry und vieles mehr. Unsere vegetarischen und veganen Suppen, Eintöpfe und Currys sind echte Seelentröster!

Für 4 Personen • 50 Min. Zubereitung • Pro Portion ca. 395 kcal, 20 g E, 17 g F, 40 g KH

EINTOPF MIT RICOTTA-KLÖSSCHEN

FÜR KINDER

FÜR DIE KLÖSSCHEN

3 Zweige Thymian
250 g Ricotta
60 g italienischer Hartkäse (mit mikrobiellem Lab; z. B. Montello)
75 g Dinkelvollkorngrieß
1 Ei (M)
Salz, Pfeffer

FÜR DEN EINTOPF

500 g festkochende Kartoffeln
1 Zwiebel
1 EL Olivenöl
800 g TK-Suppengemüse (z. B. Blumenkohl, Möhren, Erbsen, grüne Bohnen, Lauch, Sellerie)
1,2 l Gemüsebrühe
Salz, Pfeffer
3 Zweige Thymian

KLÖSSCHEN: Thymian abbrausen und trocken schütteln. Die Blätter abzupfen und fein hacken. Den Ricotta in einem Küchentuch ausdrücken. Den Hartkäse reiben. In einer Schüssel Ricotta, Käse, Grieß, Ei und Thymian mischen. Mit Salz und Pfeffer würzen. Den Klößchenteig zugedeckt ca. 30 Min. im Kühlschrank kalt stellen.

EINTOPF: Die Kartoffeln schälen, waschen und in ca. 1 cm große Würfel schneiden. Die Zwiebel schälen und fein würfeln. Das Öl in einem großen Topf erhitzen, die Zwiebel darin bei mittlerer Hitze glasig andünsten. Die Kartoffeln und das TK-Gemüse zugeben, mit der Brühe ablöschen. Aufkochen und zugedeckt bei mittlerer Hitze ca. 10 Min. kochen.

Mit angefeuchteten Händen aus der Ricottamasse ca. 16 walnussgroße Klößchen formen, in den Eintopf geben und in ca. 10 Min. gar ziehen lassen, bis sie nach oben steigen.

FERTIGSTELLEN: Den Eintopf mit Salz und Pfeffer abschmecken. Thymian abbrausen, trocken schütteln, die Blätter abzupfen und vor dem Servieren auf den Eintopf streuen.

GUT ZU WISSEN

Damit die Suppe klar bleibt, kann man die Ricotta-Klößchen extra in reichlich kochendem Salzwasser gar ziehen lassen.

Für 2 Personen • 25 Min. Zubereitung • Pro Portion ca. 445 kcal, 11 g E, 10 g F, 77 g KH

CURRYSUPPE MIT ERDNÜSSEN

THAILÄNDISCH

125 g Reisnudeln
1 kleine Zwiebel
2 Knoblauchzehen
1 Stück Ingwer (ca. 1 cm lang)
1 rote Paprika
200 g Kokosmilch
1 ½ EL rote Currypaste
Salz
1 ½ EL brauner Zucker
2 Frühlingszwiebeln
2 EL Erdnusskerne (geröstet und gesalzen)
1 EL Limettensaft
Pfeffer

1 Nudeln nach Packungsanweisung zubereiten. In der Zwischenzeit Zwiebel, Knoblauch und Ingwer schälen, fein würfeln. Die Paprika waschen, längs halbieren, Stielansatz, weiße Trennwände und Kerne entfernen. Die Hälften in dünne Streifen schneiden.

2 Zwiebelwürfel in 3 EL Kokosmilch andünsten. Paprikastreifen und Knoblauch mit etwas Kokosmilch hinzufügen und 3 Min. mitdünsten. Currypaste und Ingwer 1 weitere Min. mitdünsten, bis es duftet. Dann 600 ml Wasser und die übrige Kokosmilch angießen, salzen, zuckern und alles offen 6–8 Min. köcheln.

3 Frühlingszwiebeln putzen, waschen und samt frischem Grün in Ringe schneiden. Die Erdnusskerne hacken. Limettensaft und Frühlingszwiebeln in die Suppe rühren, diese 1 Min. ziehen lassen. Mit Salz und Pfeffer abschmecken. Abgetropfte Nudeln auf Suppenschalen verteilen, mit Suppe übergießen und mit Erdnüssen bestreuen.

Für 4 Personen • 15 Min. Zubereitung • Pro Portion ca. 135 kcal, 6 g E, 7 g F, 11 g KH

MISOSÜPPCHEN MIT TOFU

AUS JAPAN

2 kleine Köpfe Pak Choi (ca. 300 g; ersatzweise Mangold)
2 EL Ahornsirup
Salz
4 EL Misopaste (Asienladen)
2 EL Sesamöl
2 EL vegane Sojasauce
300 g Seidentofu

GUT ZU WISSEN
Nicht nur in der kanadischen Küche: Ahornsirup ist auch in Japan ein traditionelles und beliebtes Süßungsmittel.

1 Pak Choi putzen, waschen. Die Stängel in etwa 2 cm breite Stücke schneiden, die Blätter fein hacken. Die Stängel mit dem Ahornsirup in einen Topf geben und in wenig Salzwasser ca. 3 Min. köcheln.

2 In einem Topf 800 ml Wasser erhitzen. Die Misopaste mit einem Rührbesen einrühren, die Pak-Choi-Blättchen einlegen. Zuletzt das Sesamöl und die Sojasauce unterrühren.

3 Den Seidentofu vorsichtig in Würfel schneiden und diese auf vier Suppenschalen verteilen. Mit dem Misosüppchen auffüllen und mit den Pak-choi-Stängeln garnieren. Sofort servieren.

Für 4 Personen • 25 Min. Zubereitung • Pro Portion ca. 265 kcal, 14 g E, 8 g F, 31 g KH

ROTE LINSENSUPPE MIT GRÜNKOHL

VOLLWERT-REZEPT

200 g rote Linsen
1 l Gemüsebrühe
½ TL Chilipulver
8 Stängel Grünkohl (ersatzweise 50 g TK-Grünkohl)
Salz
3 EL Öl
10 g Glasnudeln

1 Linsen und Gemüsebrühe in einen Topf geben und aufkochen. Das Chilipulver unterrühren. Linsen abgedeckt bei geringer Hitze in etwa 20 Min. weich garen. Inzwischen den Grünkohl putzen und waschen. Den harten Strunk entfernen und die Blättchen fein zupfen.

2 Am Ende der Garzeit die Linsensuppe mit dem Pürierstab glatt pürieren. Mit Salz abschmecken. Die Grünkohlblättchen hinzufügen und die Suppe weitere 3–4 Min. bei geringer Hitze köcheln lassen.

3 Das Öl in einer großen Pfanne erhitzen. Die Glasnudeln darin portionsweise 1–2 Sek. frittieren, bis sie aufgehen. Die Suppe in vier Teller verteilen und mit den frittierten Glasnudeln garniert servieren.

Für 4 Personen • 30 Min. Zubereitung • Pro Portion ca. 165 kcal, 3 g E, 8 g F, 20 g KH

KÜRBISSUPPE

SCHNELL

1 kg Kürbis (z. B. Butternuss-Kürbis)
1 Schalotte
2 Orangen
3 EL Öl
750 ml Gemüsebrühe
Salz, Pfeffer
¼ TL frisch geriebene Muskatnuss
50 ml Brandy (nach Belieben)

1 Den Kürbis vierteln, bei Bedarf schälen, Kerne und Fasern entfernen. Das Fruchtfleisch grob würfeln. Die Schalotte schälen, fein hacken. Die Orangen halbieren und den Saft auspressen.

2 Das Öl in einem großen Topf erhitzen. Gehackte Schalotten darin bei geringer Hitze in ca. 5 Min. glasig dünsten. Kürbiswürfel und Orangensaft hinzufügen, mit Gemüsebrühe auffüllen. Alles aufkochen, mit Salz und Pfeffer würzen und abgedeckt bei geringer Hitze etwa 20 Min. köcheln, bis die Kürbisstücke weich sind.

3 Suppe mit Muskatnuss abschmecken und glatt pürieren. Nach Belieben durch ein Sieb streichen und den Brandy unterrühren. Die Suppe heiß oder auf Zimmertemperatur abgekühlt servieren.

Für 4 Personen • 25 Min. Zubereitung • 2 Std. Kühlen • Pro Portion ca. 215 kcal, 5 g E, 13 g F, 18 g KH

GRÜNER GAZPACHO

GUT VORZUBEREITEN

3 hellgrüne Spitzpaprika (ca. 375 g)
1 grüne Chilischote
150 g Zucchini
1 Salatgurke
2 Schalotten
1 Knoblauchzehe
125 g junger Blattspinat
4 EL Weißweinessig
5 EL Olivenöl
Salz, Pfeffer
100 g Ciabatta

1 Paprika und Chili waschen, längs halbieren, Stielansatz, weiße Trennwände und Kerne entfernen. Zucchini waschen und putzen. Gurke putzen und schälen. Schalotten und Knoblauch schälen. Alles in Stücke schneiden. Spinat verlesen, waschen und trocken schleudern, eine Handvoll Blätter für die Garnierung beiseitelegen.

2 Die vorbereiteten Zutaten in einen hohen Rührbecher oder in den Mixbehälter geben. Essig, 3 EL Öl und 150 ml kaltes Wasser hinzufügen und das Gemüse erst auf kleiner, dann auf höchster Stufe mit dem Pürierstab oder im Standmixer cremig-fein pürieren. Salzen und pfeffern. Gazpacho für ca. 2 Std. in den Kühlschrank stellen.

3 Für die Croûtons das Brot ca. 1,5 cm groß würfeln. Übriges Öl (2 EL) in einer Pfanne erhitzen, die Brotwürfel darin bei mittlerer Hitze in 6–8 Min. rundherum goldbraun braten, salzen. Gazpacho mit den beiseitegelegten Spinatblättern und Croûtons servieren.

Für 4 Personen • 50 Min. Zubereitung • Pro Portion ca. 250 kcal, 7 g E, 19 g F, 11 g KH

CREMIGE GRÜNSPARGELSUPPE

FRÜHLINGS-REZEPT

750 g grüner Spargel
1 Stange Lauch (ca. 300 g)
100 g vorwiegend festkochende Kartoffeln
3 Schalotten
1 Knoblauchzehe
4 EL Olivenöl
1 l Mandeldrink (ungesüßt)
250 ml Gemüsebrühe
40 g Nusskernmischung (z. B. Mandeln, Cashew-, Walnuss-, Haselnusskerne)
Salz, Pfeffer
2 EL Zitronensaft

1 Den Spargel waschen, die Enden knapp abschneiden, die Spitzen abschneiden, längs halbieren und beiseitelegen. Die Stangen im unteren Drittel schälen und in ca. 1 cm große Stücke schneiden. Den Lauch putzen, waschen und in Ringe schneiden. Kartoffeln schälen, waschen und würfeln. Schalotten und Knoblauch schälen, fein würfeln.

2 In einem Topf 2 EL Öl erhitzen, Schalotten und Knoblauch darin glasig dünsten. Spargelstücke, Lauch und Kartoffeln zugeben, 3–4 Min. mitdünsten. Mit Mandeldrink und Brühe auffüllen und alles zugedeckt bei mittlerer Hitze 10–15 Min. köcheln lassen.

3 Nuss-Mix grob hacken, in einer Pfanne bei mittlerer Hitze anrösten, dann herausnehmen. Übriges Öl (2 EL) in der Pfanne erhitzen, Spargelspitzen darin 2–3 Min. anbraten. Die Suppe fein pürieren, mit Salz, Pfeffer und Zitronensaft abschmecken. In tiefen Tellern anrichten, Nuss-Mix und Spargelspitzen darauf verteilen.

Für 4 Personen • 25 Min. Zubereitung • Pro Portion ca. 70 kcal, 7 g E, 1 g F, 6 g KH

LAUCH-SPARGEL-SUPPE MIT PILZEN

EINFACH

30 g getrocknete Pilze (z. B. Steinpilze, Shiitake)
500 g grüner Spargel
6 Stängel Petersilie
500 g Lauch
1 kleine Knoblauchzehe
1 l Gemüsebrühe
Salz, Pfeffer aus der Mühle

1 Die Pilze in wenig warmem Wasser einweichen. Spargel waschen, die holzigen Enden abschneiden. Die Spargelspitzen längs halbieren und beiseitelegen, die Spargelstangen grob hacken. Petersilie kalt abbrausen, trocken schütteln. Die Blättchen von den Stängeln zupfen, hacken. Vom Lauch nur das Weiße und Hellgrüne verwenden. Die Lauchstangen längs halbieren, in Halbringe schneiden und gründlich waschen. Den Knoblauch schälen, fein hacken.

2 Die Brühe in einem Topf kurz aufkochen lassen. Die Pilze aus dem Einweichwasser heben, fein hacken. Das Einweichwasser durch einen Kaffeefilter in die Suppe seihen. Das restliche Gemüse dazugeben und abgedeckt in ca. 15 Min. weich garen. Inzwischen die Spargelspitzen in wenig kochendem Salzwasser kurz blanchieren.

3 Die Suppe pürieren, bei Bedarf nachsalzen. In Teller verteilen und mit den Spargelspitzen und frisch gemahlenem Pfeffer garnieren.

Für 4 Personen • 25 Min. Zubereitung • Pro Portion ca. 295 kcal, 4 g E, 18 g F, 27 g KH

SÜSSKARTOFFEL-KOKOS-SUPPE

KLASSIKER

2 Süßkartoffeln (ca. 500 g)
1 Knoblauchzehe
1 Stück Ingwer (ca. 1 cm lang)
2 EL Öl
1 EL Garam Masala
500 ml Gemüsebrühe
250 g Kokosmilch
Salz, Pfeffer

TAUSCH-TIPP
Anstelle der Süßkartoffeln können Sie auch festkochende Kartoffeln verwenden.

1 Die Süßkartoffeln schälen und in ca. daumendicke Würfel schneiden. Knoblauch abziehen, fein hacken. Den Ingwer schälen, reiben und mit dem gehackten Knoblauch zu einer Paste verrühren.

2 Das Öl in einem Topf erhitzen. Die Knoblauchpaste und Garam Masala darin bei mittlerer Hitze ca. 1 Min. erhitzen. Die Süßkartoffelwürfel hinzufügen und mit Gemüsebrühe und Kokosmilch ablöschen. Alles einmal kurz aufkochen, dann ungefähr 10 Min. abgedeckt bei geringer Hitze köcheln lassen, bis die Süßkartoffelstücke weich sind. Die Suppe mit Salz und Pfeffer abschmecken und servieren.

Für 4 Personen • 30 Min. Zubereitung • Pro Portion ca. 350 kcal, 14 g E, 9 g F, 52 g KH

SOMMER-MINESTRONE

AUS ITALIEN

500 g reife Tomaten
250 g Baby-Blattspinat
1 Zwiebel
1 Möhre
2 Stangen Staudensellerie
1 Knoblauchzehe
3 EL Olivenöl
1 Dose Borlotti-Bohnen (400 g; ersatzweise Cannelini-Bohnen)
200 g kleine Nudeln (z. B. Pipette, Orzo)
Salz, Pfeffer

1 Tomaten waschen, vierteln und von den Stielansätzen befreien. Spinat verlesen, waschen, abtropfen lassen. Zwiebel und Möhre schälen, fein würfeln. Staudensellerie putzen, waschen, bei Bedarf entfädeln und klein schneiden. Knoblauch schälen, fein hacken.

2 Das Öl in einem großen Topf erwärmen. Zwiebel, Knoblauch, Möhre und Staudensellerie darin bei mittlerer Hitze andünsten. Die Tomaten unterrühren und alles einmal kurz aufkochen. Inzwischen die Bohnen in ein Sieb abgießen, kalt abbrausen und abtropfen lassen. Mit den Nudeln unter das Gemüse rühren.

3 Das Gemüse mit 1 l heißem Wasser aufgießen, mit Salz und Pfeffer würzen. Alles nochmals kurz aufkochen und ca. 8 Min. bei geringer Hitze köcheln lassen, bis die Pasta fast gar ist. Dann den Spinat unterrühren und noch 2–3 Min. mitgaren. Die Minestrone in Teller oder Suppenschalen verteilen und sofort genießen.

Für 4 Personen • 30 Min. Zubereitung • Pro Portion ca. 505 kcal, 16 g E, 11 g F, 84 g KH

KICHERERBSEN-PASTA-EINTOPF

VOLLWERT-REZEPT

1 Knoblauchzehe
2 Stangen Staudensellerie
1 Möhre
1 Bio-Zitrone
3 EL Olivenöl
2 Dosen stückige Tomaten (800 g)
½ TL geräuchertes Chilipulver
Salz, Pfeffer
400 g Spirelli-Nudeln (z. B. Dinkel-Spirelli)
1 Dose Kichererbsen (400 g)

1 Knoblauch schälen. Staudensellerie putzen, waschen und bei Bedarf entfädeln. Möhre putzen, schälen. Alle Zutaten fein hacken. Die Zitrone heiß waschen, abtrocknen und die Schale breit abziehen.

2 Das Öl in einem großen Topf erhitzen. Knoblauch, Sellerie und Möhre darin ca. 8 Min. bei mittlerer Hitze anbraten. Tomaten und Chilipulver unterrühren, alles salzen und pfeffern und einmal kurz aufkochen. Die Zitronenschale einlegen. Die Gemüsemischung abgedeckt bei geringer Hitze ca. 15 Min. köcheln lassen.

3 Die Nudeln nach Packungsanweisung in sprudelndem Salzwasser garen. Die Kichererbsen in ein Sieb abgießen, kalt abbrausen. 2 EL davon pürieren und mit dem Rest unter den Gemüse-Mix rühren. Zitronenschale entfernen. Die gegarten Nudeln aus dem Kochwasser zum Gemüse geben. Bei Bedarf mit etwas Salz und Pfeffer nachwürzen. Den Eintopf auf Teller verteilen und servieren.

Für 4 Personen • 30 Min. Zubereitung • Pro Portion ca. 220 kcal, 7 g E, 16 g F, 11 g KH

JOGHURTSUPPE

ERFRISCHEND

500 g Joghurt (3,5 % Fett)
30 g Kichererbsenmehl
1 TL gemahlene Kurkuma
Salz
3 EL Ghee (indisches Butterschmalz; ersatzweise Öl)
2 TL Panch Phoron (indische 5-Gewürze-Mischung)
1 TL Bockshornkleesamen
1 Lorbeerblatt
Pfeffer
Limettensaft (nach Belieben)
Zucker (nach Belieben)
1 TL Pul Biber
Korianderblättchen zum Garnieren

1 Joghurt, Kichererbsenmehl, Kurkuma und 1 TL Salz in eine Schüssel geben und mit dem Schneebesen glatt verrühren. 100 ml Wasser untermischen und die Mischung ca. 5 Min. quellen lassen.

2 In einem Topf 1 EL Ghee erhitzen. 1 TL Panch Phoron, Bockshornklee und Lorbeer darin andünsten, bis die Samen beginnen zu knistern. Hitze reduzieren und den Joghurt-Mix langsam unterrühren.

3 400 ml Wasser hinzufügen, die Hitze erhöhen und die Suppe unter Rühren (sonst gerinnt sie!) 10–15 Min. köcheln lassen, bis sie etwas andickt. Vom Herd nehmen, mit Salz, Pfeffer und nach Belieben mit Limettensaft und Zucker abschmecken. Abgedeckt warm halten.

4 Übriges Ghee (2 EL) in einer kleinen Pfanne erhitzen. Das restliche Panch Phoron (1 TL) und Pul Biber darin andünsten, bis die Gewürze knistern. Suppe mit Würzöl beträufeln und mit Koriander bestreuen.

Für 4 Personen • 40 Min. Zubereitung • Pro Portion ca. 245 kcal, 10 g E, 12 g F, 25 g KH

KARTOFFEL-BLUMENKOHL-CURRY

GÜNSTIG

1 großer Blumenkohl (ca. 1 kg Blumenkohlröschen)
500 g festkochende Kartoffeln
4 EL Öl
Salz
1 Zwiebel
1 Stück Ingwer (ca. 2 cm lang)
4 Tomaten
1 TL Kreuzkümmel
½ TL gemahlene Kurkuma
1 TL Garam Masala
½ TL Chilipulver
Korianderblättchen zum Garnieren

1 Den Backofen auf 200° vorheizen. Blumenkohl putzen, waschen und in Röschen teilen. Kartoffeln schälen und ca. 2 cm groß würfeln. Beides mit 2 EL Öl und Salz mischen und auf einem mit Backpapier belegten Blech verteilen. Im Ofen (Mitte) ca. 30 Min. backen.

2 Zwiebel und Ingwer schälen, klein würfeln. Tomaten waschen, in Stücke schneiden, dabei die Stielansätze entfernen. Übriges Öl in einem Topf erhitzen. Kreuzkümmel darin anrösten, bis er beginnt zu knistern. Zwiebelwürfel zugeben, unter Wenden ca. 5 Min. andünsten, Tomaten und Ingwer weitere ca. 2 Min. mitdünsten.

3 Kurkuma und 250 ml Wasser zugeben, aufkochen und ca. 10 Min. unter gelegentlichem Rühren köcheln lassen. Blumenkohl und Kartoffeln untermischen. Das Curry mit Garam Masala und Chilipulver würzen und weitere ca. 5 Min. köcheln lassen. Vor dem Servieren mit Salz abschmecken und mit den Korianderblättchen garnieren.

Für 4 Personen • 1 Std. Zubereitung • Pro Portion ca. 455 kcal, 25 g E, 16 g F, 46 g KH

GEMÜSE IN LINSENSAUCE

SÄUERLICH-SCHARF

150 g Toovar Dal (geschälte und halbierte gelbe Linsen)
½ TL gemahlene Kurkuma
Salz
1 TL Tamarindenmark
1 große Zwiebel
2 Tomaten
1 kg gemischtes Gemüse (z. B. Kürbis, Erbsen, Möhren, Blumenkohl, Brokkoli, Kohlrabi)
50 g Erdnusskerne
2 EL Ghee (indisches Butterschmalz; ersatzweise Öl)
4 rote getrocknete Chilischoten
2 TL Sambar Masala (indische Gewürzmischung)
Zucker

1 Die Linsen in einem Sieb gut abspülen. Mit 600 ml Wasser, Kurkuma und etwas Salz aufkochen und 20–25 Min. köcheln lassen. Dabei entstehenden Schaum abschöpfen. Tamarindenmark mit 50 ml kochendem Wasser übergießen und ca. 10 Min. ziehen lassen, danach durch ein feines Sieb streichen.

2 Die Zwiebel schälen, halbieren und quer in feine Scheiben schneiden. Die Tomaten waschen und in kleine Stücke schneiden, dabei die Stielansätze entfernen. Gemüse je nach Sorte putzen, bei Bedarf schälen, dann waschen und in mundgerechte Stücke schneiden. Die Erdnusskerne grob hacken.

3 Das Ghee in einem Topf erhitzen. Die Chilischoten darin anrösten, bis sie dunkel werden, danach herausnehmen und entsorgen. Gehackte Erdnüsse im heißen Fett unter Wenden ca. 2 Min. anrösten. Die Zwiebel zugeben und unter Wenden bei nicht zu großer Hitze in ca. 10 Min. goldbraun andünsten.

4 Tomaten, Tamarindenpaste, Sambar Masala, Salz und 500 ml Wasser zugeben, alles aufkochen und ca. 10 Min. köcheln lassen, danach fein pürieren. Gemüse zugeben, in der Sauce aufkochen und zugedeckt in ca. 15 Min. bissfest garen. Dabei öfter umrühren und evtl. noch etwas Wasser zugeben.

5 Fertig gegarte Linsen pürieren und unter das Gemüse rühren. Sambar mit Salz und Zucker abschmecken und servieren.

Für 4 Personen • 40 Min. Zubereitung • Pro Portion ca. 335 kcal, 10 g E, 21 g F, 21 g KH

GRÜNES GEMÜSE-CURRY

INDISCH

25 g Kokosraspel
175 g TK-Erbsen
1 Bund Koriandergrün
2 grüne Chilischoten
500 g gemischtes Gemüse (z. B. Hokkaido-Kürbis, Paprika, Möhren, Brokkoli, Blumenkohl)
2 TL Zucker
Salz
Saft von 1 kleinen Limette
2 EL Öl
1 TL schwarze Senfkörner
200 g Kokosmilch
Pfeffer

1 Die Kokosraspel in einer Schüssel mit 60 ml kochendem Wasser übergießen und abgedeckt ca. 15 Min. ziehen lassen. Die TK-Erbsen in einer weiteren Schüssel ebenfalls mit kochendem Wasser übergießen und in ca. 5 Min. auftauen lassen.

2 In der Zwischenzeit das Koriandergrün waschen, trocken schütteln, Blätter und feine Stängel grob hacken. Chilischoten längs halbieren, Stielansätze, weiße Trennwände und Kerne entfernen. Die Hälften waschen und in grobe Stücke schneiden. Das Gemüse je nach Sorte putzen, bei Bedarf schälen, dann waschen und in mundgerechte Stücke schneiden.

3 Erbsen in ein Sieb abgießen und abtropfen lassen. Kokosraspel, Erbsen, Koriander, Chilistücke, Zucker, 1 gehäuften TL Salz und Limettensaft im Blitzhacker oder Mixer pürieren.

4 Das Öl in einem Topf erhitzen. Senfkörner darin anrösten, bis sie beginnen zu knistern. Das Erbsenpüree dazugeben und unter Rühren 3–5 Min. anrösten, bis die Paste gerade beginnt, am Topfboden anzuhängen. Dann die Kokosmilch mit 200 ml Wasser angießen und kräftig rühren, sodass sich die Erbsenpaste vom Topfboden löst.

5 Das Gemüse zur Sauce geben, alles aufkochen und mit leicht geöffnetem Topfdeckel bei mittlerer Hitze 15–20 Min. köcheln lassen, bis das Gemüse gar ist. Dabei gelegentlich umrühren. Das Curry mit Salz und Pfeffer abschmecken.

Für 2 Personen • 25 Min. Zubereitung • Pro Portion ca. 655 kcal, 20 g E, 25 g F, 88 g KH

ZUCCHINI-MÖHREN-CURRY

FRUCHTIG

150 g Basmati-Reis
Salz
150 g Möhren
150 g Zucchini
100 g Tofu
1 EL Öl
4 EL Cashewkerne
1 EL milde Currypaste
200 g Kokosmilch
2 TL Zucker
100 g Mangofruchtfleisch
½ TL Chiliflocken
½ EL Zitronensaft

1 Den Reis in ein Sieb geben und kalt abbrausen, bis das ablaufende Wasser klar bleibt. In einen Topf umfüllen, 225 ml Wasser angießen und leicht salzen. Den Reis aufkochen und zugedeckt bei kleiner bis mittlerer Hitze ca. 6 Min. garen. Dann vom Herd ziehen und 10 Min. quellen lassen.

2 Möhren schälen und in Scheiben schneiden. Die Zucchini waschen und ebenso wie den Tofu würfeln. Das Öl in einer Pfanne erhitzen, die Cashewkerne darin anrösten, bis sie leicht gebräunt sind. Die Hälfte aus der Pfanne nehmen.

3 Die Currypaste in die Pfanne geben und kurz mit anrösten. Kokosmilch und 200 ml Wasser angießen, etwas salzen und zuckern. Die Möhren hinzufügen, alles zum Kochen bringen und ca. 4 Min. bei kleiner Hitze köcheln lassen.

4 Nun die Zucchini und den Tofu dazugeben und in weiteren 5–6 Min. weich garen. Währenddessen die Mango in feine Würfel schneiden und mit den Chiliflocken mischen. Zuletzt den Zitronensaft unter das Curry rühren, mit Salz abschmecken.

5 Den Reis auflockern. Das Curry mit dem Reis servieren. Mangowürfel und restliche Cashewkerne darüberstreuen.

Für 4 Personen • 45 Min. Zubereitung • Pro Portion ca. 560 kcal, 22 g E, 38 g F, 32 g KH

ROTES CURRY MIT TOFUHACK

AUS THAILAND

FÜR DAS TOFUHACK

400 g Tofu
1 EL rote Thai-Currypaste
Salz, Pfeffer
2 EL Öl

FÜR DAS GEMÜSE-CURRY

600 g kleine festkochende Kartoffeln
2 rote Paprika
500 g Brokkoli
2 rote Zwiebeln
3 Tomaten
1 Stück Ingwer (ca. 4 cm lang)
2 EL Öl
1 Dose Kokosmilch (400 g)
1 ½ EL rote Thai-Currypaste
Salz, Pfeffer

TOFUHACK: Den Tofu mit einem großen Messer fein hacken. In einer Schüssel mit der Currypaste, Salz und Pfeffer gründlich vermischen und ruhen lassen.

GEMÜSE-CURRY: Die Kartoffeln schälen, waschen und längs in Spalten schneiden. Die Paprika halbieren, weiße Trennwände und Kerne entfernen, die Hälften waschen und in ca. 1,5 cm große Stücke schneiden. Den Brokkoli waschen, putzen und in Röschen teilen, die Strünke schälen und klein würfeln. Die Zwiebeln schälen und in ca. 1 cm breite Spalten schneiden. Die Tomaten waschen und vierteln, dabei die Stielansätze entfernen. Tomaten entkernen und klein würfeln. Den Ingwer schälen und fein würfeln.

In einem großen Topf das Öl erhitzen. Den Ingwer darin bei mittlerer Hitze 2–3 Min. dünsten. Die Kartoffeln zugeben, mit der Kokosmilch und 400 ml Wasser ablöschen, aufkochen und offen ca. 15 Min. bei mittlerer Hitze kochen. Dann Brokkoli, Paprika und Zwiebeln hinzufügen. Die Currypaste in den Topf rühren, erneut aufkochen und das Ganze weitere 5 Min. zugedeckt garen. Mit Salz und Pfeffer würzen.

FERTIGSTELLEN: Das Öl in einer großen Pfanne erhitzen. Den Tofu zugeben und in 4–5 Min. unter Wenden bei mittlerer bis starker Hitze braun anbraten. Die Hälfte des Tofuhacks und die Tomaten zum Gemüse-Curry geben, 1–2 Min. erwärmen. Das Curry mit dem übrigen Tofuhack bestreut servieren. Dazu passt Jasminreis.

GU
CLOU

Statt Hackfleisch im Curry macht hier Tofu in Krümelpptik was her. Denn durch das Zerkleinern vergrößert sich die Oberfläche enorm und damit der Wirkbereich aller Aromen in der Currypaste, die zum ultimativen Geschmackserlebnis führen.

Für 4 Personen • 40 Min. Zubereitung • Pro Portion ca. 290 kcal, 4 g EW, 25 g F, 10 g KH

KOHLRABICREMESUPPE

VITAMINREICH

800 g Kohlrabi (mit Grün; ersatzweise einige Blätter Blattspinat)
100 g vorwiegend festkochende Kartoffeln
2 EL Olivenöl
500 ml Gemüsebrühe
250 g Sahne
Salz
Pfeffer

1 Das Kohlrabigrün abschneiden. Die zarten grünen Blätter waschen und abtropfen lassen, einige zum Garnieren beiseitelegen. Die übrigen Blätter fein hacken. Den Kohlrabi putzen und schälen. 100 g in feine Stifte schneiden, den Rest in 1–2 cm große Stücke. Die Kartoffeln schälen und in 1–2 cm große Stücke schneiden.

2 Das Olivenöl in einem Topf erhitzen. Die Kohlrabi- und Kartoffelwürfel darin bei mittlerer Hitze ca. 3 Min. dünsten. Mit der Brühe ablöschen, aufkochen lassen und das Gemüse zugedeckt bei mittlerer Hitze in ca. 20 Min. weich garen.

3 Die gehackten Kohlrabiblätter und die Sahne in den Topf geben und die Suppe unter Rühren kurz aufkochen. Dann alles mit dem Pürierstab sehr fein mixen. Die Suppe mit Salz und Pfeffer abschmecken und in Schalen oder tiefen Tellern anrichten. Mit den Kohlrabistiften und beiseitegelegten Kohlrabiblättern garniert servieren.

Für 4 Personen • 25 Min. Zubereitung • Pro Portion ca. 195 kcal, 6 g EW, 4 g F, 26 g KH

TOMATENSUPPE MIT NUDELN

FÜR KINDER

100 g Nudeln (z. B. Gabelspaghetti oder Hörnchen)
Salz
1 EL Olivenöl
750 g TK-Suppengemüse (z. B. Blumenkohl, grüne Bohnen, Erbsen, Möhren, Lauch, Sellerie, Weißkohl)
2 EL Tomatenmark
1,2 l Gemüsebrühe
Pfeffer

1 Die Nudeln in reichlich kochendem Salzwasser nach Packungsanweisung bissfest garen, in ein Sieb abgießen und abtropfen lassen.

2 Inzwischen das Olivenöl in einem großen Topf erhitzen und das gefrorene Suppengemüse darin bei mittlerer Hitze 3–4 Min. unter Rühren andünsten. Das Tomatenmark einrühren und kurz mitdünsten. Die Brühe angießen, alles aufkochen und zugedeckt bei mittlerer Hitze ca. 15 Min. garen.

3 Die Nudeln in die Suppe geben und kurz mit erhitzen. Die Suppe mit Salz und Pfeffer abschmecken und in tiefen Tellern anrichten.

HAUPTGERICHTE

Satt werden ganz ohne Fleisch und Fisch – mit unseren Veggie-Gerichten ist das ein Genuss! One-Pot-Pasta mit Spinat, Walnusspolenta mit Auberginen, Lasagne mit geschmorten Pilzen, Shakshuka und Falafel-Burger lassen nichts zu wünschen übrig. So macht grüne Küche richtig Spaß!

Für 2 Personen • 20 Min. Zubereitung • 12 Min. Backen • Pro Portion ca. 715 kcal, 27 g E, 31 g F, 74 g KH

BULGUR-GRATIN MIT CHILI-KOKOS-KRUSTE

EXOTISCH

400 g Zucchini
80 g getrocknete Tomaten (in Öl)
½ EL Zitronensaft
Salz
Pfeffer
250 g Bulgursalat (ersatzweise Couscous- oder Quinoasalat; vegan; aus dem Kühlregal)
1 rote Chilischote
2 EL Cashewkerne
2 EL Kokosraspel
½ TL Zucker
2 EL Semmelbrösel
2 EL Granatapfelkerne

AUSSERDEM
2 kleine Auflaufformen (à ca. 12 × 20 cm; ersatzweise 1 große Form ca. 20 × 20 cm)

1 Den Backofen auf 220° vorheizen. Die Zucchini putzen, waschen, längs vierteln und in dünne Scheiben schneiden. Die getrockneten Tomaten in feine Streifen schneiden.

2 In einer Pfanne 1 EL Tomatenöl erhitzen. Die Zucchiniwürfel darin rundherum ca. 3 Min. anbraten, dann mit dem Zitronensaft ablöschen, salzen und pfeffern. Tomaten und Bulgursalat untermischen. Die Mischung auf die Förmchen verteilen.

3 Chilischote waschen, längs halbieren, weiße Trennwände und Kerne entfernen. Die Hälften grob würfeln. Cashewkerne, Kokosraspel und Chili mit dem Zucker sowie etwas Salz und Pfeffer im Blitzhacker zermahlen. Semmelbrösel untermischen.

4 Chili-Kokos-Mix über den Bulgur streuen. Bei 220° im heißen Backofen (Mitte) 12 Min. backen, bis die Kruste leicht gebräunt ist. Die fertigen Gratins aus dem Ofen nehmen, mit Granatapfelkernen bestreuen und heiß servieren.

Für 2 Personen • 20 Min. Zubereitung • Pro Portion ca. 700 kcal, 22 g E, 25 g F, 89 g KH

ONE-POT-PASTA MIT SPINAT

EINFACH

100 g Sojacreme
40 g Cashew-Mus
1 EL Sojasauce
Kala Namak (Schwarzsalz, nach Belieben)
Salz
Pfeffer
1 Zwiebel
2 Knoblauchzehen
50 g getrocknete Tomaten (in Öl)
100 g Baby-Blattspinat
1 EL Öl
200 g Nudeln (mit 8 Min. Garzeit, z. B. Casarecce)
1 EL veganer Aceto balsamico

1 Sojacreme, Cashew-Mus, Sojasauce und nach Belieben 1 Mini-Prise Kala Namak in einer Schüssel verrühren. Mit Salz und Pfeffer würzen. Zwiebel und Knoblauch schälen, die Zwiebel grob, den Knoblauch fein würfeln. Die getrockneten Tomaten in Streifen schneiden. Spinat verlesen, waschen und trocken schleudern.

2 In einem Topf das Öl erhitzen, die Zwiebelwürfel darin leicht anbräunen. Knoblauchwürfel, Tomatenstreifen und Nudeln dazugeben und kurz schwenken. Dann 600 ml kochendes Wasser hinzufügen, salzen und 6–7 Min. zugedeckt bei kleiner Hitze kochen lassen.

3 Die Creme unterrühren, den Spinat hinzufügen und zusammenfallen lassen. In der Zwischenzeit sollten die Nudeln bissfest gegart sein. Den Balsamico unterrühren. Die Pasta mit Salz und Pfeffer abschmecken, auf tiefe Teller verteilen und genießen.

Für 2 Personen • 30 Min. Zubereitung • Pro Portion ca. 505 kcal, 15 g E, 15 g F, 73 g KH

MAROKKO-COUSCOUS-TOPF

AROMATISCH

150 g Möhren
1 gelbe Paprika
1 rote Zwiebel
50 g gemischte Oliven (entsteint)
200 g gegarte Kichererbsen (im Beutel)
2 EL Öl
2 TL Ras el Hanout
2 EL Zucker
1 Dose stückige Tomaten (400 g)
2 EL Zitronensaft
Salz, Pfeffer
70 g Couscous
4 Stängel Petersilie (nach Belieben)

1 Möhren schälen, in Scheiben schneiden. Paprika waschen, längs halbieren, Stielansatz, Trennwände und Kerne entfernen. Die Hälften würfeln. Zwiebel schälen, fein würfeln, die Oliven halbieren. Kichererbsen in ein Sieb abgießen, kalt abspülen und abtropfen lassen.

2 In einem Topf das Öl erhitzen. Das Gemüse darin offen ca. 5 Min. bei mittlerer Hitze andünsten. Ras el Hanout und Zucker hinzufügen und kurz mitdünsten. Dann stückige Tomaten, 400 ml Wasser, Kichererbsen, Oliven und 1 EL Zitronensaft dazugeben, alles aufkochen und zugedeckt weitere 5 Min. bei kleiner Hitze kochen lassen.

3 Den Eintopf salzen und pfeffern, Couscous unterrühren. Zugedeckt bei kleinster Hitze ca. 6 Min. ziehen lassen. Die Petersilie waschen, trocken schütteln und die Blättchen abzupfen. Den Eintopf mit restlichem Zitronensaft, Salz und Pfeffer abschmecken, nach Wunsch mit Petersilie garnieren und auf Teller verteilen.

Für 2 Personen • 35 Min. Zubereitung • Pro Portion ca. 520 kcal, 24 g E, 18 g F, 63 g KH

ASIA-PASTA MIT SHIITAKE

GLUTENFREI

100 g Shiitake (Pilze)
1 Mini-Pak-Choi (ca. 100 g)
1 gelbe Paprika (ca. 170 g)
1 Stück Ingwer (ca. 3 cm lang)
2 Knoblauchzehen
4 Stängel Koriandergrün
150 g Räuchertofu
2 EL Öl
120 g weiße Reisbandnudeln (Kochzeit ca. 3 Min.; ersatzweise Glasnudeln)
ca. 4 EL Sojasauce

1 Die Shiitake putzen und mit einem feuchten Tuch abreiben, die Stiele entfernen. Die Pilzköpfe je nach Größe jeweils halbieren oder vierteln. Den Pak Choi putzen und waschen, den harten Strunk entfernen. Die weißen Stiele in feine Streifen schneiden, die Blätter in breitere Streifen.

2 Die Paprika waschen und längs halbieren, weiße Trennwände und Kerne entfernen. Die Hälften in dünne Streifen schneiden. Den Ingwer und den Knoblauch schälen, beides in feine Würfel schneiden. Das Koriandergrün waschen und trocken schütteln, die Blättchen abzupfen. Die Hälfte der Korianderblättchen grob hacken. Den Tofu in ca. 1 cm große Würfel schneiden.

3 Das Öl in einem Topf (ca. 20 cm ∅) erhitzen. Pilze, Pak-Choi-Stiele und Paprikastreifen darin unter Rühren ca. 1 Min. andünsten. Ingwer und Knoblauch hinzufügen und kurz mitdünsten. Dann ca. 350 ml Wasser angießen und alles zugedeckt bei großer Hitze aufkochen. Die Nudeln zwei- oder dreimal durchbrechen, in den Topf geben und alles bei mittlerer Hitze unter häufigem Rühren 2–3 Min. kochen lassen.

4 Den Tofu, die Pak-Choi-Blätter und 3 EL Sojasauce dazugeben und alles unter ständigem Rühren 1–2 Min. weiterköcheln, bis die Nudeln gar sind. Bei Bedarf esslöffelweise Wasser hinzufügen. Die Asia-Pasta mit der übrigen Sojasauce (ca. 1 EL) abschmecken, mit dem gesamten Koriandergrün bestreuen und sofort servieren.

Für 2 Personen • 25 Min. Zubereitung • 1 Std. 15 Min. Backen • Pro Portion ca. 765 kcal, 19 g E, 21 g F, 121 g KH

GEFÜLLTE SÜSSKARTOFFELN MIT KICHERERBSENGEMÜSE

GUT VORZUBEREITEN

2 Süßkartoffeln (à 400 g)
1 kleine Möhre
1 gelbe Paprika
1 kleine Zwiebel
1 Knoblauchzehe
200 g Kirschtomaten
3 EL Olivenöl
2 TL Zucker
Salz
Pfeffer
1 Glas Kichererbsen in Tomatensauce (350 g)
½ TL gemahlener Kreuzkümmel
1 EL Zitronensaft
Cayennepfeffer (nach Belieben)

1 Den Backofen auf 200° vorheizen. Die Süßkartoffeln gründlich waschen, dann rundum mit einer Gabel mehrmals tief einstechen und auf ein Backblech legen. Im heißen Ofen (Mitte) ca. 1 Std. 15 Min. garen, dabei einmal wenden. Wenn sich die Süßkartoffeln leicht mit einem Messer einstechen lassen und auf Druck weich nachgeben, sind sie gar.

2 Inzwischen die Möhre schälen. Paprika waschen, halbieren, Stielansatz, weiße Trennwände und Kerne entfernen. Paprikahälften und Möhre in kleine Würfel schneiden. Zwiebel und Knoblauch schälen, fein würfeln. Tomaten waschen, halbieren.

3 In einem Topf das Öl erhitzen. Zwiebel und Möhre bei kleiner bis mittlerer Hitze ca. 8 Min. andünsten. Paprika und Knoblauch dazugeben und 5 Min. mitdünsten. Tomaten und den Zucker unterrühren, alles salzen und pfeffern. Weitere 5 Min. offen bei kleiner Hitze köcheln lassen.

4 Anschließend die Kichererbsen, den Kreuzkümmel und ½ EL Zitronensaft unterrühren. Noch etwas köcheln lassen, dann mit Salz, Pfeffer, den restlichen Zitronensaft und nach Belieben etwas Cayennepfeffer abschmecken.

5 Fertig gegarte Süßkartoffeln aus dem Ofen nehmen, auf Teller verteilen, längs aufschneiden und das Innere leicht mit einer Gabel durchmischen. Kichererbsengemüse samt Sauce auf die Süßkartoffeln häufen und sofort genießen.

1

2

3

HIRSEPUFFER MIT GUACAMOLE UND TOMATEN-MAIS-SALSA

MEXIKANISCH

4

5

6

Für 2 Personen • 45 Min. Zubereitung • Pro Portion ca. 780 kcal, 17 g E, 32 g F, 100 g KH

200 g Hirse
Salz
200 g Kirschtomaten
1 kleine Dose Mais (140 g Abtropfgewicht)
1 Bund Koriandergrün
1 rote Zwiebel
3 EL Limettensaft
2 TL Zucker
1 TL Cayennepfeffer
Pfeffer
150 g Möhren
1 EL körniger Senf
Öl zum Braten
150 g Guacamole (aus dem Kühlregal)

1 Sämtliche Zutaten bereitstellen (Bild 1). Die Hirse in einem Sieb mit kaltem Wasser waschen und abtropfen lassen (Bild 2). Danach in einem Topf mit 400 ml leicht gesalzenem Wasser zum Kochen bringen. 5 Min. offen leise kochen, dann zugedeckt auf niedrigster Stufe in 10 Min. gar ziehen lassen.

2 In der Zwischenzeit die Tomaten waschen und vierteln. Mais abtropfen lassen. Das Koriandergrün waschen und trocken schütteln, die Blättchen abzupfen. Die Zwiebel schälen und fein würfeln. Tomaten, Mais, 2 EL Zwiebelwürfel und Koriandergrün mit 2 EL Limettensaft, 1 TL Zucker und ½ TL Cayennepfeffer in einer Schale mischen (Bild 3). Mit Salz und Pfeffer würzen.

3 Die Hirse am Ende der Garzeit vom Herd nehmen, weitere 5 Min. quellen lassen. Währenddessen die Möhren schälen und fein raspeln. Etwas Flüssigkeit herausdrücken. In einer Schüssel Hirse, Möhrenraspel und restliche Zwiebelwürfel mit Senf, ½ TL Cayennepfeffer, 1 EL Limettensaft und 1 TL Zucker gründlich mischen. Mit Salz und Pfeffer würzen. Aus der Masse mit befeuchteten Händen 10 flache Puffer formen (Bild 4).

4 Die Puffer in zwei Portionen braten. Hierzu 2 EL Öl in einer großen beschichteten Pfanne erhitzen und 5 Puffer darin in 6–8 Min. von beiden Seiten goldbraun braten. Zwischendurch einmal wenden. Fertige Hirsepuffer auf Küchenpapier abtropfen lassen (Bild 5). Inzwischen die zweite Portion braten, dafür noch etwas Öl in die Pfanne geben.

5 Die Hirsepuffer auf Teller verteilen, je einen Klecks Guacamole daraufgeben und die Salsa dazu anrichten (Bild 6).

Für 4 Personen • 40 Min. Zubereitung • Pro Portion ca. 555 kcal, 14 g E, 27 g F, 61 g KH

WALNUSSPOLENTA MIT AUBERGINEN

ITALIENISCH

FÜR DIE POLENTA

50 g Walnusskerne
30 g italienischer Hartkäse (mit mikrobiellem Lab; z. B. Montello)
400 ml Gemüsebrühe (glutenfrei)
400 ml Haferdrink
200 g Polenta (Maisgrieß)
Salz, Pfeffer

FÜR DAS GEMÜSE

800 g Auberginen
2 Zwiebeln
2 Knoblauchzehen
6 EL Olivenöl
2 Dosen stückige Tomaten (800 g)
200 ml Gemüsebrühe (glutenfrei)
Salz, Pfeffer

MEHR DARAUS MACHEN

Das Auberginengemüse mit 1 TL getrocknetem Oregano würzen und vor dem Servieren mit ½ Bund gehackter Petersilie bestreuen.

POLENTA: Die Walnüsse und den Käse nacheinander im Blitzhacker fein zerkleinern. In einem Topf die Brühe und den Haferdrink aufkochen. Den Maisgrieß und die Nüsse unter Rühren mit dem Schneebesen einstreuen, salzen und pfeffern. Bei milder Hitze unter gelegentlichem Rühren mit einem Kochlöffel offen ca. 20 Min. quellen lassen.

GEMÜSE: Die Auberginen putzen, waschen und in ca. 2 cm große Würfel schneiden. Die Zwiebeln und den Knoblauch schälen und fein würfeln.

In einer großen beschichteten Pfanne das Öl erhitzen, die Auberginen darin bei starker Hitze portionsweise unter Wenden rundherum in ca. 5 Min. hellbraun anbraten. Die Zwiebeln und den Knoblauch zugeben und 2–3 Min. mitbraten. Die Tomaten und die Brühe einrühren, aufkochen, mit Salz und Pfeffer würzen und das Ganze offen bei schwacher Hitze ca. 10 Min. schmoren lassen, ab und zu umrühren.

FERTIGSTELLEN: Den Käse unter die Polenta rühren, mit Salz und Pfeffer abschmecken, neben dem Auberginengemüse anrichten und servieren.

Für 4 Personen • 40 Min. Zubereitung • Pro Portion ca. 685 kcal, 23 g E, 48 g F, 39 g KH

GEMÜSE-SPIRELLI MIT TAHIN

LOW CARB

FÜR DIE GEMÜSE-SPIRELLI

400 g Möhren
4 Zucchini (à ca. 200 g)
1 große rote Paprika
100 g Baby-Blattspinat
2 Schalotten
1 Dose Kichererbsen (Abtropfgewicht 250 g)
6 EL Olivenöl
Salz, Pfeffer

FÜR DIE TAHIN-SAUCE

1 Dose Kokosmilch (400 ml)
60 g helles Tahin (Sesampaste)
4 TL Zitronensaft
Salz, Pfeffer

AUSSERDEM

Spiralschneider

GEMÜSE-SPIRELLI: Die Möhren putzen und schälen, die Zucchini putzen und waschen. Beides mithilfe eines Spiralschneiders in dünne Streifen schneiden. Die Paprika halbieren, weiße Trennwände und Kerne entfernen, die Hälften waschen und quer in feine Streifen schneiden. Den Spinat verlesen, waschen und gut abtropfen lassen. Die Schalotten schälen und fein würfeln. Die Kichererbsen abgießen, in einem Sieb kalt abbrausen und gut abtropfen lassen. Das Öl in einer großen beschichteten Pfanne erhitzen. Die Schalotten darin bei mittlerer bis starker Hitze ca. 3 Min. glasig dünsten. Möhren und Paprika zugeben und ca. 2 Min. mitbraten, dabei oft durchmischen. Die Zucchini untermischen und weitere 3 Min. mitbraten, dabei mit Salz und Pfeffer würzen. Dann die Kichererbsen hinzufügen und 2–3 Min. mitbraten, ab und zu umrühren.

TAHIN-SAUCE: Die Kokosmilch und das Tahin in einen kleinen Topf geben und unter Rühren zum Kochen bringen. Bei milder Hitze offen ca. 5 Min. köcheln lassen. Mit Zitronensaft, Salz und Pfeffer abschmecken.

FERTIGSTELLEN: Den Spinat unter das Gemüse mischen. Die Gemüse-Spirelli mit der Tahin-Sauce anrichten.

GUT ZU WISSEN

Es ist egal, ob Sie Ihr Essen kalt oder warm genießen, solange die Nährstoffbilanz stimmt. Unsere Spirelli schmecken heute warm und morgen kalt mit Tahinsauce vermischt.

Für 2 Personen • 35 Min. Zubereitung • Pro Portion ca. 675 kcal, 23 g E, 25 g F, 80 g KH

KÄSE-MAKKARONI-TOPF

FÜR KINDER

1 Knoblauchzehe
170 g Möhren
200 g kurze Makkaroni (Kochzeit 7–9 Min.)
550 ml Gemüsebrühe
5 EL trockener Weißwein
150 g TK-Rahmspinat
100 g Doppelrahmfrischkäse
2 Frühlingszwiebeln
Salz
Pfeffer
frisch geriebene Muskatnuss
2 EL geriebener mittelalter Gouda (mit mikrobiellem Lab)

1 Den Knoblauch schälen und fein hacken. Die Möhren putzen, schälen und in ca. 0,5 cm große Würfel schneiden. Knoblauch und Möhren mit Makkaroni, Brühe und Wein in einem Topf (ca. 20 cm ∅) zugedeckt bei großer Hitze aufkochen, dann bei kleiner bis mittlerer Hitze ca. 7 Min. sanft köcheln lassen. Den Spinat unterrühren, alles einmal aufkochen und ca. 3 Min. weitergaren. Falls die Mischung zu trocken wird, esslöffelweise etwas Wasser dazugeben. Den Frischkäse unterrühren und alles 2–5 Min. weiterköcheln, bis die Nudeln gar sind. Während der gesamten Garzeit immer wieder umrühren, damit nichts am Topfboden anhängt.

2 Kurz vor Garzeitende die Frühlingszwiebeln putzen, waschen und in feine Ringe schneiden. Einige Zwiebelringe zum Garnieren beiseitelegen, die übrigen unter die Nudeln mischen. Die Nudeln mit Salz, Pfeffer und 1 Prise Muskat abschmecken und auf Teller verteilen. Mit geriebenem Gouda und den übrigen Frühlingszwiebeln bestreuen.

Für 2 Personen • 30 Min. Zubereitung • Pro Portion ca. 700 kcal, 25 g E, 29 g F, 81 g KH

ONE-POT-PASTA CAPRESE

MEDITERRAN

2 Knoblauchzehen
200 g passierte Tomaten
450 ml Gemüsebrühe
200 g Penne rigate (Kochzeit 9–11 Min.)
180 g Kirschtomaten (z. B. Datteltomaten)
3 Stängel Basilikum
125 g Mini-Mozzarellakugeln
2 EL Olivenöl
Salz
Pfeffer
2 EL Basilikumpesto (aus dem Glas; vegetarisch oder vegan)

1 Knoblauch schälen, fein hacken und mit passierten Tomaten, Gemüsebrühe und Nudeln in einem Topf (ca. 20 cm ∅) mischen. Alles zugedeckt bei großer Hitze aufkochen, dann bei kleiner bis mittlerer Hitze 10 Min. sanft köcheln lassen.

2 Inzwischen Kirschtomaten waschen und halbieren. Kirschtomaten nach den 10 Min. Garzeit unter die Nudeln rühren, alles einmal aufkochen und dann bei kleiner bis mittlerer Hitze 5–8 Min. weiterköcheln, bis die Nudeln gar sind. Während der gesamten Garzeit immer wieder umrühren, damit nichts am Topfboden anhängt.

3 Kurz vor Ende der Garzeit Basilikum waschen und trocken schütteln, Blätter abzupfen. Mozzarellakugeln jeweils halbieren. Etwas Basilikum zum Garnieren beiseitelegen, übrige Blätter mit Öl unter die Nudeln mischen. Pasta mit Salz und Pfeffer abschmecken, auf Teller geben und mit Pesto, Mozzarella und übrigem Basilikum garnieren.

Für 4 Personen • 30 Min. Zubereitung • 30 Min. Einweichen • Pro Portion ca. 585 kcal, 22 g E, 21 g F, 78 g KH

SCHARFE ERDNUSS-BRATNUDELN

ASIATISCH

300 g asiatische Reis-Bandnudeln
2 geh. EL Erdnussmus (aus dem Glas)
4 EL Sojasauce
1 ½ TL Sambal oelek
300 g Tofu
400 g Mini-Pak-Choi
200 g Zuckerschoten
1 Bund Frühlingszwiebeln
250 g Shiitake (Pilze)
4 EL Erdnussöl
Salz, Pfeffer

GUT ZU WISSEN
Reisnudeln stammen ursprünglich aus China, sind aber inzwischen in ganz Südostasien beliebt. Sie werden nicht vorgekocht, sondern nur eingeweicht, damit sie beim anschließenden Braten und Dünsten nicht ihre glatte, bissfeste Konsistenz verlieren.

1 Die Nudeln in lauwarmem Wasser ca. 30 Min. einweichen. Das Erdnussmus mit 3 EL Sojasauce, 1 TL Sambal oelek und 150 ml Wasser in einer kleinen Schüssel gründlich verrühren.

2 Den Tofu trocken tupfen und ca. 1 cm groß würfeln. Den Pak Choi, die Zuckerschoten und die Frühlingszwiebeln waschen und putzen. Pak Choi in ca. 3 cm breite Streifen schneiden, Zuckerschoten diagonal halbieren. Die Frühlingszwiebeln in ca. 1 cm breite Stücke schneiden. Die Pilze putzen, die Stiele entfernen und die Kappen je nach Größe halbieren oder vierteln.

3 Im Wok oder in einer großen Pfanne 2 EL Öl erhitzen. Den Tofu darin unter Wenden in ca. 5 Min. rundum goldbraun braten. Herausnehmen und auf einen Teller geben. Mit der übrigen Sojasauce beträufeln.

4 Das übrige Öl (2 EL) im Wok erhitzen, Zuckerschoten, Pilze und Frühlingszwiebeln darin bei starker Hitze unter Rühren ca. 2 Min. braten. Die Nudeln abgießen und gut abtropfen lassen, zusammen mit dem Pak Choi hinzufügen und unter Wenden in 2–3 Min. kräftig anbraten. Die Erdnuss-Würz-Marinade zugeben, aufkochen und mit Salz, Pfeffer und dem übrigen Sambal oelek abschmecken. Den Tofu darüberstreuen, alles 1–2 Min. ziehen lassen, dann servieren.

Für 2 Personen • 20 Min. Zubereitung • 40 Min. Garen • Pro Portion ca. 610 kcal, 23 g EW, 29 g F, 62 g KH

GERSOTTO MIT EI

FRÜHLINGS-REZEPT

650 ml Gemüsebrühe
2 sehr frische Eier (M)
1 Zwiebel
1 Möhre (ca. 125 g)
1 Kohlrabi (ca. 330 g)
2 EL Olivenöl
150 g Rollgerste (Gerstengraupen)
½ Bund Schnittlauch
40 g Butterkäse (mit mikrobiellem Lab; in Scheiben)
1 EL Butter
Salz, Pfeffer

1 Die Brühe in einem Topf (ca. 20 cm ∅) aufkochen. Die Eier heiß abwaschen, mit einem Eierpikser anstechen, mithilfe eines Esslöffels in die Brühe legen und bei starker Hitze in 7–8 Min. wachsweich kochen.

2 Inzwischen die Zwiebel schälen und in feine Würfel schneiden. Die Möhre putzen, schälen und in ca. 0,5 cm große Würfel schneiden. Den Kohlrabi putzen und schälen. Drei Viertel der Knolle in ca. 1 cm große Würfel schneiden, den Rest fein reiben. Die gekochten Eier aus der Brühe heben, abschrecken und beiseitelegen. Die Brühe in einen Messbecher umfüllen.

3 Das Olivenöl im Topf erhitzen. Zwiebel, Möhre und Kohlrabiwürfel darin bei mittlerer Hitze ca. 2 Min. andünsten. Die Gerste dazugeben und ca. 2 Min. unter Rühren andünsten. Den geriebenen Kohlrabi einrühren und ca. 250 ml Brühe dazugießen. Alles mit halb aufgelegtem Deckel bei kleiner Hitze 35–40 Min. garen, währenddessen öfter umrühren und nach und nach ca. 200 ml Brühe angießen. Je nach gewünschter Konsistenz noch etwas Brühe oder Wasser dazugeben.

4 Den Schnittlauch waschen, trocken schütteln und in feine Röllchen schneiden. Den Käse in kleine Stücke zupfen oder schneiden und unter Rühren im Gersotto auflösen. Die Butter unterrühren. Den Gersotto mit Salz und Pfeffer abschmecken. Die Eier pellen und jeweils halbieren. Den Gersotto auf Teller verteilen, die Eierhälften darauf anrichten und mit Salz würzen. Zum Schluss den Schnittlauch daraufstreuen.

Für 4 Personen • 45 Min. Zubereitung • Pro Portion ca. 515 kcal, 20 g E, 30 g F, 42 g KH

KARTOFFEL-KÜRBIS-PUFFER

GÜNSTIG

FÜR DIE PUFFER

600 g festkochende Kartoffeln
400 g Hokkaido-Kürbis
1 Zwiebel
150 g Gouda
2 EL Mehl
2 Eier (M)
Salz, Pfeffer
5 EL Olivenöl

FÜR DEN SALAT

250 g Chicorée
150 g Feldsalat
3 EL Aceto balsamico bianco
Salz, Pfeffer
3 EL Olivenöl

PUFFER: Kartoffeln schälen und waschen, Kürbis waschen, Zwiebel schälen und alles drei grob reiben. Den Käse ebenfalls reiben. Kartoffeln, Kürbis, Zwiebel, Käse, Mehl und Eier vermischen. Mit Salz und Pfeffer würzen.

Den Backofen auf 80° vorheizen. In einer großen Pfanne das Öl erhitzen. Je 2–3 EL Pufferteig ins heiße Fett geben und nacheinander ca. 20 Puffer auf beiden Seiten in 5–6 Min. bei mittlerer bis starker Hitze goldbraun backen, zwischendurch wenden. Puffer herausnehmen, auf Küchenpapier entfetten und im Ofen warm halten.

SALAT: Den Chicorée halbieren, Strunk entfernen, Blätter längs in Streifen schneiden. Den Feldsalat verlesen, waschen und trocken schleudern. Essig, Salz, Pfeffer und Öl verrühren. Salate in der Vinaigrette wenden und mit den Puffern servieren. Dazu passt griechischer Sahnejoghurt mit Zitronensaft und Salz.

Für 4 Personen • 45 Min. Zubereitung • Pro Portion ca. 405 kcal, 14 g E, 22 g F, 37 g KH

MAIS-FRITTERS MIT TOMATEN

EINFACH

FÜR DIE FRITTERS

1 Dose Mais (280 g)
1 Bund Schnittlauch
100 g Maismehl
3 Eier (M)
100 ml Milch
Salz, Pfeffer
4 EL Olivenöl

FÜR DIE TOMATEN

500 g bunte Kirschtomaten
1 EL Olivenöl
1 EL Aceto balsamico
1 TL getrockneter Thymian
Salz, Pfeffer
200 g saure Sahne

MAIS-FRITTERS: Den Mais in einem Sieb abtropfen lassen. Schnittlauch abbrausen, trocken schütteln und in feine Röllchen schneiden. Maismehl mit Eiern und Milch verrühren, salzen und pfeffern. Mais und Schnittlauch unter die Eiermasse mischen.

Den Backofen auf 80° vorheizen. Das Öl in einer großen beschichteten Pfanne erhitzen. Je 2 EL Maismasse hineingeben und portionsweise bei mittlerer Hitze Puffer von beiden Seiten in je 2–3 Min. braten. Die Mais-Fritters auf Küchenpapier entfetten und im vorgewärmten Ofen warm halten.

TOMATEN: Die Tomaten waschen und halbieren. Mit dem Öl in die heiße Pfanne geben und ca. 2 Min. bei mittlerer Hitze braten. Mit dem Essig ablöschen, mit Thymian, Salz und Pfeffer würzen und 2–3 Min. offen dünsten. Die Mais-Fritters mit den Tomaten und je einem Klecks saurer Sahne anrichten und servieren.

Für 4 Personen • 30 Min. Zubereitung • 50 Min. Backen • Pro Portion ca. 645 kcal, 19 g E, 43 g F, 46 g KH

ROTE-BETE-TOMATEN-CRUMBLE

KNUSPRIG

FÜR DIE KÄSESTREUSEL

150 g Bergkäse (mit mikrobiellem Lab)
150 g Weizenmehl (Type 550)
Salz
2 TL getrockneter Thymian
100 g kalte Butter

FÜR DAS GEMÜSE

10 g Butter für die Form
800 g kleine Rote Beten
2 rote Zwiebeln
400 g Kirschtomaten
Salz, Pfeffer
100 ml Gemüsebrühe
3 EL Aceto balsamico
3 EL Walnussöl

MEHR DARAUS MACHEN
Für einen noch knusprigeren Crunch ein Drittel des Käses durch 50 g kernige Haferflocken oder gehackte Kürbiskerne ersetzen.

KÄSESTREUSEL: Den Bergkäse fein reiben. Den Käse mit dem Mehl, ½ TL Salz und Thymian in einer Schüssel mischen. Die Butter in kleinen Stücken und 3 EL kaltes Wasser zugeben und alles mit den Händen oder den Knethaken des Handrührgeräts zu Streuseln kneten. Mind. 30 Min. kalt stellen.

GEMÜSE: Den Backofen auf 200° vorheizen. Eine Tarte- oder Gratinform (ca. 30 cm ∅) mit Butter einfetten. Rote Beten putzen, schälen, halbieren und in ca. 1 cm breite Spalten schneiden. Dabei Einweghandschuhe tragen, da sie stark färben. Die Zwiebeln schälen, halbieren und ebenfalls in dünne Spalten schneiden. Die Kirschtomaten waschen.

FERTIGSTELLEN: Das Gemüse in der Form verteilen, mit Salz und Pfeffer kräftig würzen. Die Brühe mit dem Essig und Öl verrühren und über das Gemüse gießen. Die Käsestreusel auf dem Gemüse verteilen. Den Crumble im heißen Ofen (unten) 45–50 Min. garen, bis die Rüben weich und die Streusel knusprig gebräunt sind. Den Crumble servieren. Dazu passt Endiviensalat mit Honig-Senf-Vinaigrette.

Für 4 Portionen • 1 Std. Zubereitung • Pro Portion ca. 430 kcal, 13 g E, 19 g F, 52 g KH

GEFÜLLTE KARTOFFELKLÖSSE

HERBST-REZEPT

1 kg mehligkochende Kartoffeln
250 g braune Champignons
1 Bund Petersilie
30 g Walnusskerne
2 EL Öl
Salz, Pfeffer
1 kleiner Wirsing (ca. 800 g)
1 Zwiebel
100 g Sahne
ca. 75 g Kartoffelstärke
frisch geriebene Muskatnuss

TIPP
Die Klöße sind gar, wenn sie an der Wasseroberfläche schwimmen. Sobald sie nach oben gestiegen sind, noch 1–2 Minuten weitergaren, dann mit einer Schaumkelle herausnehmen.

1 Die Kartoffeln waschen. 400 g Kartoffeln knapp bedeckt mit Wasser aufkochen und 20–25 Min. garen. Inzwischen die Pilze putzen und würfeln. Die Petersilie waschen, trocken schütteln und hacken. Die Nüsse grob hacken.

2 1 EL Öl in einer Pfanne erhitzen. Die Pilze darin unter Wenden ca. 5 Min. kräftig anbraten. Am Ende die Nüsse dazugeben und kurz mitbraten. Die Petersilie unterrühren, mit Salz und Pfeffer würzen. Abkühlen lassen.

3 Den Wirsing putzen, waschen, vierteln und in Streifen vom Strunk schneiden. Die Zwiebel schälen und würfeln. In 1 EL Öl in einer großen Pfanne anbraten, Wirsing dazugeben und unter Wenden ca. 5 Min. mitbraten. 100 ml Wasser angießen, salzen und zugedeckt ca. 5 Min. dünsten. Die Sahne dazugießen und alles offen weitere ca. 5 Min. dünsten. Mit Salz und Pfeffer abschmecken, beiseitestellen.

4 Die Pellkartoffeln abgießen, etwas abkühlen lassen, pellen und durch die Kartoffelpresse drücken. Die übrigen Kartoffeln schälen, reiben, auf ein sauberes Geschirrtuch geben und sehr gut ausdrücken. Raspel mit Stärke zu den zerdrückten Kartoffeln geben, mit 1 TL Salz und etwas Muskat würzen und verkneten. Dabei evtl. noch etwas mehr Stärke unterkneten. Masse zu 12 Klößen formen, mit Pilz-Mix füllen. In einem Topf mit siedendem Salzwasser 15–20 Min. gar ziehen lassen. Wirsing erwärmen, Klöße darauf anrichten.

Für 4 Personen • 1 Std. 30 Zubereitung • 25 Min. Backen • Pro Portion ca. 1 020 kcal, 37 g E, 73 g F, 53 g KH

RICOTTA-MUSCHELNUDELN MIT SPARGEL

FÜR GÄSTE

FÜR DEN SPARGEL

1 kg weißer Spargel
Salz
20 g Butter
20 g Mehl
250 g Sahne
Pfeffer

FÜR DIE NUDELN

24 große Muschelnudeln (Conchiglioni; ca. 200 g)
80 g italienischer Hartkäse (mit mikrobiellem Lab; z. B. Montello)
1 Bio-Zitrone
500 g Ricotta
200 g gemahlene Mandeln
Salz, Pfeffer
4 Stängel Petersilie

GUT ZU WISSEN

Noch aromatischer wird der Sud, wenn Sie die Endstücke und Schale vom Spargel in 600 ml leicht gesalzenem Wasser 10 Min. auskochen. Sud durch ein Sieb gießen und für die Sauce verwenden.

SPARGEL: Den Spargel schälen, Enden abschneiden, die Stangen in 3–4 cm lange Stücke schneiden. In einem Topf 600 ml Salzwasser aufkochen. Den Spargel darin zugedeckt bei mittlerer Hitze ca. 5 Min. kochen, herausnehmen und abtropfen lassen. Vom Spargelsud 400 ml abmessen.

Die Butter zerlassen, mit dem Mehl bestäuben und kurz andünsten. Mit dem Spargelsud ablöschen, unter Rühren aufkochen. Sahne angießen und unter gelegentlichem Rühren offen ca. 15 Min. bei mittlerer Hitze einkochen lassen. Die Sauce mit Salz und Pfeffer würzen, den Spargel hineingeben und das Ganze in eine große Auflaufform (ca. 20 × 35 cm) umfüllen.

NUDELN: Reichlich Salzwasser aufkochen, die Nudeln darin nach Packungsanweisung bissfest garen, abgießen, abschrecken und gut abtropfen lassen. Backofen auf 200° vorheizen.

Den Käse fein reiben. Die Zitrone heiß waschen, abtrocknen und die Schale fein abreiben. 60 g Käse, Ricotta, Zitronenschale und Mandeln in einer Schüssel mit dem Schneebesen glatt rühren. Mit Salz und Pfeffer würzen. Die Ricottacreme mithilfe eines Teelöffels in die Nudeln füllen. Diese mit der Füllung nach oben in die Form setzen und mit übrigem Käse bestreuen. Im Ofen (unten) 20–25 Min. backen.

Die Petersilie abbrausen, trocken schütteln, die Blätter abzupfen, hacken und vor dem Servieren auf die Nudeln streuen.

Für 1 Tarteform (∅ 30 cm; 4 Stücke) • 45 Min. Zubereitung • 1 Std. Kühlen • 50 Min. Backen •
Pro Portion ca. 880 kcal, 35 g E, 65 g F, 38 g KH

SPINAT-MANDEL-TARTE MIT FETA

AUS GRIECHENLAND

FÜR DEN TEIG

175 g Mehl und Mehl zum Arbeiten
75 g geschälte, gemahlene Mandeln
100 g kalte Butter und Butter für die Form
1 Ei (M)
½ TL Salz

FÜR DEN BELAG

1 kg Baby-Blattspinat, Salz
200 g Schafskäse (Feta; mit mikrobiellem Lab)
150 g Sahne
100 ml Milch
3 Eier (M)
Pfeffer
½ Bio-Zitrone

AUSSERDEM

500 g Hülsenfrüchte zum Blindbacken

GUT ZU WISSEN
Als knusprige Überraschung 2 EL Mandelblättchen vor dem Backen auf die Tarte streuen.

TEIG: Das Mehl, Mandeln, Butter in Flöckchen, das Ei, Salz und 2 EL Wasser verkneten. Den Teig zu einer Kugel formen, in Folie gewickelt ca. 1 Std. kühl stellen.

BELAG: Den Spinat verlesen, waschen, abtropfen lassen und in 2–3 Portionen in reichlich kochendes Salzwasser geben, ca. 30 Sek. kochen, dann eiskalt abschrecken und gut abtropfen lassen. Den Spinat mit den Händen gut ausdrücken und grob hacken. Den Feta in kleine Würfel schneiden. Die Sahne mit der Milch und den Eiern verrühren, mit Salz und Pfeffer würzen. Die Zitrone heiß waschen, abtrocknen, die Schale fein abreiben und unterrühren.

FERTIGSTELLEN: Den Backofen auf 200° vorheizen. Den Teig auf der bemehlten Fläche ca. ½ cm dick und ca. 3 cm größer als die Form ausrollen. Die Form einfetten, den Teig hineinlegen, den Rand hochziehen und gerade schneiden. Den Boden mit einer Gabel mehrmals einstechen. Erst Backpapier, dann die Hülsenfrüchte auf dem Boden verteilen und im Ofen (unten) 20 Min. vorbacken. Herausnehmen, die Hülsenfrüchte entfernen (aufbewahren, sie können immer wieder zum Blindbacken verwendet werden) und das Backpapier abziehen.

Den Spinat und den Feta auf dem Teig verteilen, die Eiersahne darübergießen. Die Tarte im Ofen (Mitte) ca. 30 Min. backen. Aus dem Ofen nehmen, 5–10 Min. abkühlen lassen, dann in Stücke schneiden und servieren.

Für 4 Personen • 30 Min. Zubereitung • 1 Std. Ruhen • Pro Portion ca. 595 kcal, 22 g E, 19 g F, 84 g KH

NUDELBOWL MIT FRITTIERTEN TOFUWÜRFELN

AUS ASIEN

300 g Tofu
Salz
50 g Maisstärke
3 El Öl
300 g Udon-Nudeln (Asienladen)
1 Stück Ingwer (ca. 2 cm lang)
2 Limetten
1 große Knoblauchzehe
3 EL Sesamöl
200 g Sojakerne (aus der Tiefkühltruhe im Asienladen)
3 rote Paprika

DEKO-TIPP

Ergänzen Sie das Topping mit 3 Frühlingszwiebeln. Diese putzen, waschen und diagonal in dünne Röllchen schneiden. In der chinesischen Küche heißt dieser Schnitt Pferdeohren. Und das passt!

1 Den Tofu erst in Küchenpapier, dann in ein Geschirrtuch wickeln. Mit einer Bratpfanne oder Ähnlichem beschweren. Nach ca. 1 Std. ist ein Großteil des Wassers ausgetreten. Der Tofu ist nun kompakt und lässt sich gut frittieren.

2 Tofu in ca. 1–2 cm große Würfel schneiden, mit Salz bestreuen und in der Stärke wenden. Das Öl in einer großen Pfanne erhitzen, den Tofu portionsweise darin etwa 8 Min. knusprig frittieren. Auf einem Kuchengitter abkühlen lassen.

3 Die Nudeln nach Packungsanweisung in kochendem Salzwasser al dente garen. Am Ende der Garzeit aus dem Topf in Schüsseln heben, damit etwas Kochwasser haften bleibt.

4 Den Ingwer schälen, fein hacken. Die Limetten halbieren und den Saft auspressen. Die Knoblauchzehe schälen, fein hacken. Alles in einer kleinen Schüssel mit dem Sesamöl verrühren und unter die warmen Nudeln mischen.

5 Die Sojakerne in wenig Salzwasser ca. 3 Min. blanchieren, dann abgießen. Paprika waschen, halbieren, Stielansätze, weiße Trennwände und Kerne entfernen. Die Paprikahälften in Rauten schneiden. Die Nudeln nochmals durchrühren, dann mit Tofuwürfeln, Sojakernen und Paprikarauten bestreuen.

Für 2 Personen • 50 Min. Zubereitung • Pro Portion ca. 430 kcal, 9 g EW, 23 g F, 43 g KH

KARTOFFEL-GEMÜSE-GULASCH

KLASSIKER

500 g festkochende Kartoffeln
200 g Möhren
1 rote Paprika (ca. 150 g)
120 g Champignons
2 Zwiebeln
2 EL Sonnenblumenöl
1 EL Tomatenmark
Salz
Pfeffer
400 ml Gemüsebrühe
3 Zweige Majoran
80 g Crème fraîche

GU CLOU

Die in den rohen Kartoffeln natürlich vorkommende Stärke kann eine heiße Sauce wunderbar cremig binden. Dafür müssen die Kartoffeln lediglich sehr fein gerieben werden und einfach einige Zeit mitkochen.

1 Die Kartoffeln schälen und waschen, ein Stück (ca. 50 g) beiseitelegen. Übrige Kartoffeln in ca. 2 cm große Würfel schneiden. Die Möhren putzen, schälen und ca. 1,5 cm groß würfeln. Die Paprika waschen und längs halbieren, weiße Trennwände und Kerne entfernen. Die Hälften in ca. 2 × 2 cm große Stücke schneiden. Die Pilze putzen, mit einem feuchten Tuch abreiben und je nach Größe halbieren oder vierteln. Die Zwiebeln schälen und grob würfeln.

2 Das Öl in einem Topf (ca. 20 cm ∅) erhitzen und die Zwiebeln darin bei mittlerer Hitze in ca. 2 Min. glasig andünsten. Kartoffelwürfel, Möhren und Paprika dazugeben und unter Rühren 2–3 Min. mitdünsten. Das Tomatenmark einrühren und 1–2 Min. anschwitzen. Mit Salz und Pfeffer würzen. Brühe und Pilze dazugeben. Aufkochen und mit halb aufgelegtem Deckel bei mittlerer Hitze 10 Min. sanft köcheln lassen. Das beiseitegelegte Kartoffelstück fein reiben, benötigt werden ca. 25 g geriebene Kartoffel. Die geriebene Kartoffel unter das Gulasch rühren und alles 10–15 Min. weitergaren, dabei ab und zu umrühren. Sollte das Gulasch zu stark eindicken, esslöffelweise Wasser hinzufügen, bis es die gewünschte Konsistenz hat.

3 Den Majoran waschen und trocken schütteln, die Blättchen abzupfen. Einige Blättchen zum Garnieren beiseitelegen, übrige fein hacken und unter das Gulasch rühren. Gulasch mit Salz und Pfeffer abschmecken und 40 g Crème fraîche unterrühren. Auf Tellern anrichten, übrige Crème fraîche (40 g) als Kleckse daraufgeben und beiseitegelegten Majoran daraufstreuen.

GU **CLOU**

Béchamelsauce auf neue Art herstellen: Die Cremigkeit von Hafercreme Cuisine und die Standfestigkeit von pürierten weißen Bohnen ergeben eine Sauce, die sich wie klassische Béchamel verarbeiten und würzen lässt.

Für 4 Personen • 20 Min. Zubereitung • 45 Min. Backen • Pro Portion ca. 565 kcal, 15 g E, 28 g F, 63 g KH

LASAGNE MIT GESCHMORTEN PILZEN

AUS ITALIEN

500 g aromatische Pilze (z. B. Kräuterseitlinge und Champignons zu gleichen Teilen oder 400 g Champignons und 6 Shiitake)
2 Knoblauchzehen
3 EL Olivenöl
Salz, Pfeffer
1 Dose weiße Riesenbohnen (200 g)
250 ml Hafercreme Cuisine
2 EL Mehl
400 ml Tomatensauce (Fertigprodukt)
250 g Lasagneplatten
2 EL gehackte Haselnusskerne
3 EL vegane Margarine

AUSSERDEM
Auflaufform (ca. 21 × 12 cm)
vegane Margarine für die Form

1 Die Pilze putzen, bei Bedarf mit einem Tuch abreiben, fein schneiden. Knoblauch schälen, fein hacken. Das Öl in einer Pfanne erwärmen, die Pilze darin kurz anbraten, salzen und pfeffern. Knoblauch und 2 EL heißes Wasser unterrühren und die Pilze abgedeckt ca. 10 Min. bei geringer Hitze garen.

2 Die Riesenbohnen in ein Sieb geben, kalt abbrausen und abtropfen lassen. Mit Hafercreme Cuisine, Salz und Pfeffer in einen hohen Rührbecher geben und cremig-fein pürieren. In einem Topf bei geringer Hitze erwärmen. Das Mehl darübersieben und vorsichtig unterrühren, bis die Sauce andickt.

3 Backofen auf 190° vorheizen. Die Form fetten. Etwas Tomatensauce auf dem Boden der Auflaufform verstreichen, darüber eine Lage Nudelplatten legen. Diese wieder mit Tomatensauce bestreichen – Ränder nicht aussparen. Darüber eine Lage Pilze legen und diese mit der Bohnen-Nuss-Sauce begießen. Vorgang wiederholen, bis die Pilze und Saucen aufgebraucht sind.

4 Mit einer Lage Nudelplatten abschließen, darüber die Haselnüsse streuen und die vegane Margarine in Flocken daraufsetzen. Die Lasagne im vorgeheizten Ofen (Mitte) etwa 45 Min. backen, bis die Nudelplatten gar sind und die Oberfläche goldbraun gebräunt ist. Am Ende der Backzeit aus dem Ofen nehmen und vor dem Aufschneiden 3–4 Min. ruhen lassen.

POLENTA-PIZZA MIT TOMATEN, ZWIEBELN UND PESTO

GÜNSTIG

Für 4 Personen • 50 Min. Zubereitung • 3 Std. Ruhen • 20 Min. Backen • Pro Portion ca. 565 kcal, 11 g E, 37 g F, 46 g KH

8 EL Olivenöl
150 g Instant-Polenta
Salz, Pfeffer
150 g Cashewkerne
2 rote Zwiebeln
1 TL getrockneter Thymian
400 g reife Tomaten
1 Bund Rucola
1 Knoblauchzehe
100 ml Tomatensauce (Fertigprodukt)

GUT ZU WISSEN

Karamellisieren ganz ohne Zucker: Hierzu die Zwiebeln nur bei geringer Hitze und mit etwas Salz garen. Alle 5 Min. durchrühren. Nach etwa 45 Min. sind sie karamellisiert, Aroma und Textur sind feiner.

1 Ein Backblech mit 2 EL Olivenöl fetten. 500 ml Wasser in einem Topf zum Kochen bringen. Kurz vor dem Aufkochen die Polenta in das Wasser einrieseln lassen. Topf vom Herd ziehen und die Polenta mit einem Rührbesen so lange rühren, bis sich ein glatter Teig bildet (Bild 1). Bei Bedarf noch etwas heißes Wasser angießen. Mit Salz und Pfeffer pikant abschmecken.

2 Polenta fingerdick auf dem Backblech verstreichen (Bild 2). Ca. 3 Std. abkühlen und fest werden lassen. Inzwischen die Cashewkerne mind. 1 Std. in warmem Wasser einweichen. Danach mit etwas Einweichwasser, Salz und Pfeffer in einen hohen Rührbecher geben und glatt pürieren.

3 Zwiebeln schälen, halbieren, in feine Streifen schneiden. 2 EL Olivenöl in einer Pfanne erwärmen. Die Zwiebeln darin in ca. 45 Min. unter Rühren karamellisieren. Mit Thymian würzen.

4 Ofen auf 200° vorheizen. Tomaten waschen, halbieren und die Stielansätze entfernen. Die Hälften fein schneiden. Rucola kalt abbrausen, trocken schütteln. Die Hälfte der Blättchen fein hacken, den Rest für die Garnierung beiseitestellen. Knoblauch schälen, hacken und mit dem gehackten Rucola und dem übrigen Olivenöl (4 EL) zu einer Paste zerdrücken (Bild 3).

5 Die Tomatensauce auf der Polenta verstreichen und mit den Tomatenstücken und den karamellisierten Zwiebeln belegen (Bild 4). Die Cashewcreme darüberträufeln, die Rucolapaste in Klecksen dazwischensetzen (Bild 5). Die Pizza im Ofen (Mitte) in ca. 20 Min. goldgelb backen, dann herausnehmen und mit den restlichen Rucolablättern garniert servieren (Bild 6).

Für 4 Personen • 35 Min. Zubereitung • 30 Min. Garen • Pro Portion ca. 595 kcal, 22 g E, 23 g F, 73 g KH

BUNTE GEMÜSE-PAELLA

SOMMER-REZEPT

2 gelbe Paprika
2 kleine Zucchini
1 Aubergine
2 Knoblauchzehen
200 g Lupinenfilet (Bioladen)
6 EL Olivenöl
Salz, Pfeffer
2 TL rosenscharfes Paprikapulver
300 g Paella- oder Risotto-Reis
1 Dose passierte Tomaten (400 g)
650 ml Gemüsebrühe

1 Paprika, Zucchini und Aubergine putzen und waschen, bei der Paprika weiße Trennwände und Kerne entfernen. Alle drei Gemüse in Spalten bzw. Scheiben schneiden. Knoblauch schälen und fein würfeln. Das Lupinenfilet ebenfalls klein würfeln.

2 Den Backofen auf 200° vorheizen. 4 EL Öl in einer großen ofenfesten Pfanne erhitzen. Paprika, Zucchini und Aubergine darin unter gelegentlichem Rühren 2–3 Min. braten. Den Knoblauch hinzufügen, mit Salz, Pfeffer und Paprikapulver kräftig würzen. Dann das Lupinenfilet zusammen mit dem Reis dazugeben und 1–2 Min. unter Rühren mitbraten. Die Tomaten und die Brühe verrühren und darübergießen, alles ca. 5 Min. bei mittlerer Hitze köcheln lassen.

3 Das restliche Öl über die Reis-Gemüse-Mischung träufeln, mit Salz und Pfeffer würzen. Die Pfanne in den Ofen (Mitte) schieben, die Gemüse-Paella darin ca. 25–30 Min. garen, warm servieren.

Für 4 Personen • 30 Min. Zubereitung • Pro Portion ca. 415 kcal, 9 g E, 2 g F, 83 g KH

ARTISCHOCKEN-RISOTTO

WINTER-REZEPT

800 ml heiße Gemüsebrühe
12 Artischocken (in Öl)
2 Knoblauchzehen
1 Schalotte
400 g Risotto-Reis
100 ml veganer Weißwein
8 grüne Oliven
Salz, Pfeffer
½ Bund glatte Petersilie
1 Bio-Zitrone

1 Die Brühe erhitzen und warm halten. Artischocken in ein Sieb abgießen, das Öl auffangen. Artischocken in feine Scheiben schneiden. Knoblauch und Schalotte schälen, jeweils fein hacken. 2 EL Artischockenöl in einem Topf erwärmen. Schalotte und die Hälfte des Knoblauchs darin bei mittlerer Hitze ca. 5 Min. dünsten. Den Reis einrühren, sodass alles mit Öl benetzt ist. Mit Weißwein ablöschen.

2 Eine Kelle heiße Brühe unterrühren und köcheln, bis die Reiskörner die Flüssigkeit aufgesogen haben. Vorgang wiederholen, bis der Reis gar und die Konsistenz schön cremig ist. Oliven klein schneiden und mit den Artischocken unterrühren. Risotto salzen und pfeffern.

3 Petersilie abbrausen, trocken schütteln, die Blättchen abzupfen, fein hacken. Zitrone heiß waschen, abtrocknen und die Schale fein abreiben. Petersilie, Zitronenschale und restlichen Knoblauch verrühren. Den Risotto mit der Gremolata bestreuen und servieren.

Für 4 Portionen • 50 Min. Zubereitung • Pro Portion ca. 605 kcal, 17 g E, 25 g F, 79 g KH

GNOCCHI MIT KIRSCHTOMATEN

ITALIENISCH

1 kg mehligkochende Kartoffeln
ca. 250 g Mehl
Salz
1 Knoblauchzehe
500 g Kirschtomaten
5 Stängel Salbei
30 g Haselnusskerne
75 g Butter
Pfeffer
50 g geriebener Parmesan

TIPP
Für perfekte Gnocchi die Zutaten für den Teig möglichst rasch verkneten, sodass die Masse gerade eben zusammenhält. Durch zu langes Kneten werden Gnocchi zäh. Wie viel Mehl Sie dafür brauchen, hängt stark von den verwendeten Kartoffeln ab und kann von Mal zu Mal verschieden sein.

1 Die Kartoffeln gründlich waschen, in einem Topf knapp mit Wasser bedecken und 20–25 Min. garen. Die Kartoffeln abgießen, etwas abkühlen lassen, pellen und noch warm durch eine Kartoffelpresse drücken. Nach und nach Mehl und 1 TL Salz dazugeben und alles zu einem glatten Teig verkneten. Ist der Teig klebrig, noch Mehl unterkneten.

2 Reichlich Salzwasser aufkochen. Inzwischen den Teig portionsweise auf einer bemehlten Arbeitsfläche zu Rollen von ca. 1 cm ∅ rollen und in 1–2 cm breite Stücke schneiden. Mit einer Gabel Rillen in die Gnocchi drücken. Hitze reduzieren, sodass das Kochwasser nur noch siedet. Die Gnocchi portionsweise ins Wasser geben und 3–4 Min. garen, bis sie an die Oberfläche steigen. Mit einer Schaumkelle herausheben und abtropfen lassen.

3 Den Knoblauch schälen und in feine Scheiben schneiden. Die Tomaten waschen, trocken reiben und halbieren. Den Salbei waschen, trocken schütteln und die Blätter von den Stängeln zupfen. Die Nüsse grob hacken und in einer Pfanne ohne Fett anrösten, bis sie duften. Herausnehmen. Die Butter in der Pfanne zerlassen. Den Salbei und den Knoblauch darin andünsten. Die Tomaten dazugeben und unter Wenden kurz schmoren. Die Gnocchi dazugeben und unter Schwenken der Pfanne ca. 5 Min. in der Butter braten. Mit Salz und Pfeffer würzen. Die Gnocchi mit Nüssen und Parmesan bestreut anrichten.

Für 4 Personen • 45 Min. Zubereitung • 45 Min. Backen • Pro Portion ca. 725 kcal, 20 g E, 36 g F, 81 g KH

SÜSSKARTOFFELN MIT BERGKÄSE

HERBST-REZEPT

6 Süßkartoffeln (à ca. 270 g)
80 g Haselnusskerne
250 g Mangold
250 g Champignons
2 Knoblauchzehen
150 g Bergkäse (mit mikrobiellem Lab)
4 EL Olivenöl
½ Bio-Zitrone
Salz, Pfeffer
frisch geriebene Muskatnuss

DAZU PASST

Tomatensauce: Dafür 1 Zwiebel und 1 Knoblauchzehe fein würfeln, in 1 EL Olivenöl glasig dünsten. 1 EL Tomatenmark zugeben, kurz mitdünsten. 500 g stückige Tomaten (aus der Dose), 100 ml Gemüsebrühe und 1 TL getrockneten Oregano einrühren und aufkochen. Bei mittlerer Hitze offen ca. 10 Min. köcheln, dann alles pürieren. Sauce salzen und pfeffern.

1 Den Backofen auf 200° vorheizen. Ein Backblech mit Backpapier belegen. Die Süßkartoffeln waschen und längs halbieren. Kartoffeln mit der Schnittfläche nach unten aufs Blech legen und im Ofen (Mitte) in 25–30 Min. weich backen.

2 Inzwischen die Nüsse grob hacken und in einer Pfanne ohne Fett rösten. Vom Herd nehmen. Mangold putzen, Blätter von den Stielen schneiden, beides waschen und trocken tupfen. Die Stiele klein würfeln, die Blätter grob hacken. Die Pilze putzen, abreiben und in dünne Scheiben schneiden. Den Knoblauch schälen und fein würfeln. Den Käse reiben.

3 In einer großen Pfanne 2 EL Öl erhitzen, Mangoldstiele und Pilze darin bei mittlerer Hitze ca. 2 Min. anbraten. Den Knoblauch zugeben und kurz mitdünsten. Die Mangoldblätter hinzufügen, alles offen ca. 5 Min. garen, bis die Flüssigkeit verdampft ist.

4 Die Süßkartoffeln aus dem Ofen nehmen, etwas abkühlen lassen (Ofen nicht ausschalten!). Aus jeder Hälfte 1–2 EL Fruchtfleisch mit einem Löffel herausschaben und zur Pilzmischung geben. Zwei Drittel vom Käse und die Nüsse untermischen. Die Zitrone heiß waschen, abtrocknen und 1 TL Schale fein abreiben, unterrühren. Mit Salz, Pfeffer und Muskat kräftig würzen. Die Gemüsemischung in die Süßkartoffeln füllen, diese auf das Blech setzen. Mit dem restlichen Käse bestreuen und mit dem übrigen Öl beträufeln. Im Ofen (Mitte) 15–20 Min. backen. Sofort servieren.

Für 4 Personen • 45 Min. Zubereitung • 40 Min. Backen • Pro Portion ca. 590 kcal, 9 g E, 45 g F, 36 g KH

OFENGEMÜSE MIT PETERSILIEN-HOLLANDAISE

VOLLWERT-REZEPT

FÜR DAS OFENGEMÜSE
400 g kleine Rote Beten
800 g bunte Möhren
800 g schlanke Pastinaken
10 Zweige Thymian
6 EL Olivenöl
Salz, Pfeffer
300 g Pfifferlinge (ersatzweise kleine Kräuterseitlinge)

FÜR DIE HOLLANDAISE
1 Bund Petersilie
10 EL Olivenöl
1 Bio-Zitrone
20 g frischer Meerrettich
2 Eigelb (M)
Salz, Pfeffer

TAUSCH-TIPP
Wer keine Tränen beim Meerrettichreiben riskieren möchte, kann 2 TL Meerrettich aus dem Glas für die Sauce verwenden.

OFENGEMÜSE: Den Backofen auf 200° vorheizen. Das Gemüse putzen, schälen und in grobe Spalten schneiden. Den Thymian abbrausen, die Blättchen abzupfen, hacken und mit dem Öl, Salz und Pfeffer verrühren. Das Gemüse darin gründlich wenden, auf einem Backblech verteilen und mit Alufolie bedecken. Im Ofen ca. 20 Min. rösten, dabei öfter wenden. Die Pfifferlinge putzen und abreiben. Nach 20 Min. Garzeit die Folie entfernen, Pilze dazugeben und das Gemüse offen weitere 20 Min. unter gelegentlichem Wenden im Ofen rösten.

HOLLANDAISE: Die Petersilie abbrausen, trocken schütteln, Blätter von den Stängeln zupfen (ca. 30 g) und grob schneiden. Mit 4 EL Olivenöl in einem Rührbecher mit dem Pürierstab sehr fein pürieren. Die Zitrone heiß waschen, abtrocknen, die Schale fein abreiben und 2 EL Zitronensaft auspressen. Meerrettich schälen und fein reiben.

Die Eigelbe mit Zitronenschale und -saft, Salz, Pfeffer und 6 EL Wasser in einem Schlagkessel oder einer Metallschüssel mit rundem Boden über dem heißen Wasserbad schaumig aufschlagen. Die übrigen 6 EL Öl im dünnen Strahl nach und nach unterrühren, bis eine cremig-dickliche Sauce entsteht. Petersilienöl und Meerrettich unterrühren, Hollandaise mit Salz und Pfeffer abschmecken und warm halten.

FERTIGSTELLEN: Das Ofengemüse mit je 3–4 EL Hollandaise anrichten und die übrige Sauce dazu servieren. Dazu passen Vollkorn-Baguette oder geröstete Pellkartoffeln.

Für 2 Personen • 1 Std. Zubereitung • Pro Portion ca. 415 kcal, 19 g E, 29 g F, 17 g KH

SHAKSHUKA

AUS ISRAEL

1 Zwiebel
2 Knoblauchzehen
1 grüne Paprika
750 g Tomaten
3 EL Olivenöl, Salz
½ TL gemahlener Kreuzkümmel
½ TL Cayennepfeffer
Pfeffer
4 Stängel Koriandergrün
1 Bio-Zitrone
4 Eier (M)

1 Zwiebel und Knoblauch schälen und fein würfeln. Paprika waschen, halbieren, weiße Trennwände und Kerne entfernen. Die Hälften würfeln. Tomaten waschen und in Würfel schneiden, dabei die Stielansätze entfernen.

2 Das Öl in einer ofenfesten Pfanne (28 cm ∅) erhitzen. Zwiebel und Knoblauch darin bei mittlerer Hitze in ca. 5 Min. glasig dünsten. Paprika und Tomaten zufügen, salzen und zugedeckt in ca. 8 Min. weich dünsten. Dabei gelegentlich umrühren.

3 Kreuzkümmel, Cayennepfeffer und 100 ml Wasser verrühren. Unter das Gemüse rühren, mit Pfeffer würzen und alles offen in ca. 10 Min. cremig einköcheln lassen.

4 Inzwischen den Backofen auf 200° vorheizen. Koriandergrün waschen, trocken tupfen und die Blätter fein hacken. Zitrone heiß abwaschen, abtrocknen und die Schale abreiben. Die Frucht halbieren und eine Hälfte auspressen. Die Hälfte vom Koriandergrün und die Zitronenschale in die Sauce rühren. Mit Salz, Pfeffer und Zitronensaft abschmecken.

5 Vier Mulden in die Sauce drücken. Je 1 Ei hineinschlagen, salzen und pfeffern. Im Ofen (Mitte) in ca. 8 Min. stocken lassen. Die Pfanne herausnehmen und die Shakshuka mit dem übrigen Koriandergrün bestreuen. Mit Fladenbrot servieren.

GU **CLOU**

Shakshuka ist eigentlich ein Frühstücksklassiker Israels. Hier sind die Zutaten jedoch so bemessen, dass die Pfanne auch als Hauptgericht für 2 Personen mit großem Hunger reicht. Die Eier garen gleichzeitig mit dem Gemüse im Backofen und gelingen dabei wunderbar cremig-weich.

Für 4 Personen • 45 Min. Zubereitung • 25 Min. Backen • Pro Portion ca. 545 kcal, 22 g E, 35 g F, 34 g KH

BACKKARTOFFELN MIT QUARKDIP

FÜR KINDER

FÜR DIE KARTOFFELN

4 große festkochende Kartoffeln (à 230–250 g)
Salz
4 EL Olivenöl

FÜR DEN QUARKDIP

2 reife Avocados
2 EL Zitronensaft
500 g Magerquark
2 EL Olivenöl
Salz, Pfeffer

AUSSERDEM

4 Stücke Alufolie (à ca. 30 × 20 cm)

1 Kartoffeln waschen und in Salzwasser zugedeckt bei mittlerer Hitze ca. 15 Min. vorgaren. Inzwischen Backofen auf 200° vorheizen. Kartoffeln abgießen, kurz ausdampfen lassen. Jedes Alufolienstück mit 1 EL Olivenöl bestreichen und mit Salz bestreuen. Je 1 Kartoffel darin einwickeln. Kartoffeln im Ofen (Mitte) 20–25 Min. backen.

2 Inzwischen Avocados halbieren und entkernen, Fruchtfleisch aus der Schale lösen. 2 Avocadohälften klein würfeln und mit 1 EL Zitronensaft beträufeln. Restliche Avocado mit Quark, übrigem Zitronensaft (1 EL) und dem Öl in einem Mixbecher mit dem Pürierstab glatt pürieren. Den Quarkdip mit Salz und Pfeffer abschmecken.

3 Kartoffeln aus dem Ofen nehmen. Folie öffnen, Kartoffeln längs einschneiden und an den Enden etwas zusammendrücken, sodass sie in der Mitte aufbrechen. Hälfte des Dips darauf verteilen und mit den Avocadowürfeln bestreuen. Übrigen Dip dazu reichen.

Für 4 Personen • 30 Min. Zubereitung • 45 Min. Backen • Pro Portion ca. 290 kcal, 14 g E, 10 g F, 35 g KH

KARTOFFEL-STECKRÜBEN-GRATIN

WINTER-REZEPT

800 g vorwiegend festkochende Kartoffeln
800 g Steckrüben
600 ml Gemüsebrühe
120 g Bergkäse (mit mikrobiellem Lab)
Salz
Pfeffer
1 Bund Schnittlauch

1 Den Backofen auf 180° vorheizen. Die Kartoffeln schälen. Die Steckrüben putzen, schälen und je nach Größe längs halbieren oder vierteln. Kartoffeln und Steckrüben in dünne Scheiben hobeln oder schneiden. Die Brühe erhitzen. Den Käse reiben.

2 Die Kartoffel- und Steckrübenscheiben mischen und in eine flache ofenfeste Form (ca. 30 × 20 cm) geben oder auf einem kleinen tiefen Backblech verteilen. Mit Salz und Pfeffer würzen. Die Brühe dazugießen und alles mit dem Käse bestreuen.

3 Das Gratin im Ofen (Mitte) ca. 45 Min. garen. Falls der Käse gegen Ende der Garzeit zu dunkel wird, die Form mit Backpapier abdecken. Kurz vor Ende der Garzeit den Schnittlauch waschen, trocken schütteln und in feine Röllchen schneiden. Das Gratin aus dem Ofen nehmen und mit Schnittlauch bestreuen.

Für 4 Personen • 35 Min. Zubereitung • Pro Portion ca. 575 kcal, 29 g E, 47 g F, 10 g KH

ZUCCHINI-PIMIENTOS-PFANNE

SOMMER-REZEPT

4 kleine Zwiebeln
2 Knoblauchzehen
3 Zucchini (ca. 600 g)
200 g Pimientos de Padrón (spanische Bratpaprika)
450 g Halloumi
6 EL Olivenöl
Salz, Pfeffer
1 Bund Petersilie
100 g grüne Oliven
2 TL Zitronensaft

1 Zwiebeln und Knoblauch schälen, Zwiebeln in dünne Ringe, Knoblauch in feine Scheiben schneiden. Zucchini waschen, putzen, längs halbieren und in ca. 1 cm breite Stücke schneiden. Pimientos abbrausen und abtropfen lassen. Halloumi ca. 1,5 cm groß würfeln.

2 In einer großen beschichteten Pfanne 2 EL Öl erhitzen. Halloumi darin bei hoher Hitze in zwei Portionen unter Wenden in 3–4 Min. rundum hellbraun braten. Aus der Pfanne nehmen. Übriges Öl in der Pfanne erhitzen. Zwiebeln, Knoblauch, Pimientos und Zucchini zugeben, bei hoher Hitze 4–5 Min. braten, salzen und pfeffern.

3 In der Zwischenzeit die Petersilie abbrausen, trocken schütteln. Die Blättchen von den Stängeln zupfen und hacken. Halloumi und Oliven zum Gemüse geben und ca. 2 Min. erwärmen. Mit Zitronensaft, Salz und Pfeffer würzen. Das Gericht auf Teller verteilen und mit Petersilie bestreut servieren. Dazu passt Fladenbrot oder Ciabatta.

Für 4 Personen • 45 Min. Zubereitung • Pro Portion ca. 575 kcal, 19 g E, 21 g F, 69 g KH

SPITZKOHL-RISOTTO

GLUTENFREI

1 l Gemüsebrühe
2 Zwiebeln
2 Knoblauchzehen
1 kleiner Spitzkohl (ca. 750 g)
5 EL Olivenöl
300 g Risotto-Reis
125 ml trockener Weißwein (ersatzweise Gemüsebrühe)
Salz, Pfeffer
1 Dose Artischockenherzen (240 g Abtropfgewicht)
100 g italienischer Hartkäse (mit mikrobiellem Lab; z. B. Montello)
1 Bund Petersilie

1 Gemüsebrühe in einem Topf erhitzen. Zwiebeln und Knoblauch schälen, fein würfeln. Spitzkohl putzen, waschen und längs vierteln, dabei den Strunk entfernen. Die Viertel in feine Streifen schneiden.

2 Das Öl in einem Topf erhitzen, Zwiebeln darin bei mittlerer Hitze glasig dünsten. Reis und Knoblauch 1–2 Min. mitdünsten. Mit Wein ablöschen und so lange rühren, bis die Flüssigkeit aufgesogen ist. Zwei Drittel vom Kohl und 400 ml heiße Brühe zufügen, salzen und pfeffern. Unter Rühren 15–18 Min. weitergaren, dabei nach und nach 400–600 ml Brühe zugießen und immer wieder einkochen lassen.

3 Artischocken abtropfen lassen, vierteln. Käse reiben. Petersilie waschen, trocken schütteln, die Blätter fein hacken. Artischocken, 60 g Käse und zwei Drittel der Petersilie mit übrigem Spitzkohl unter den Risotto heben. Mit Salz und Pfeffer abschmecken, restliche Kräuter und übrigen Käse darüberstreuen. Dazu passt Lachsfilet.

Für 4 Personen • 50 Min. Zubereitung • 1 Std. Garen • Pro Portion ca. 585 kcal, 18 g E, 24 g F, 71 g KH

GEMÜSE-BIRYANI

ORIENTALISCH

250 g Basmati-Reis
4 EL Milch
2 TL + 3 EL Ghee (indisches Butterschmalz; ersatzweise Öl)
2 Msp. Safranfäden
600 g gemischtes Gemüse (z. B. Kartoffeln, Möhren, Blumenkohl, Kürbis, Paprika, grüne Bohnen)
4 mittelgroße rote Zwiebeln
50 g Cashewkerne
1 leicht gehäufter TL Biryani-Gewürzmischung (indisches Reisgewürz; Asienladen)
300 g Joghurt (3,5 % Fett)
Salz
Pfeffer
1 gehäufter TL Garam Masala

1 Reis kalt abspülen und ca. 30 Min. in Wasser einweichen. Milch mit 1 TL Ghee und Safran lauwarm erhitzen, vom Herd nehmen. Gemüse je nach Sorte putzen, bei Bedarf schälen, waschen und in mundgerechte Stücke schneiden. Zwiebeln schälen, halbieren und quer in feine Scheiben schneiden.

2 3 EL Ghee in einer Pfanne erhitzen. Die Zwiebelscheiben darin bei kleiner Hitze ca. 10 Min. braten, die Hälfte herausnehmen. Die Cashews zu den übrigen Zwiebeln in die Pfanne geben und unter Wenden ca. 3 Min. anrösten. Die Biryani-Gewürzmischung hinzufügen und weitere 2 Min. mitrösten.

3 Anschließend zunächst die festen Gemüsesorten, danach das übrige Gemüse zugeben und jeweils 2–3 Min. braten. 100 ml Wasser angießen, alles aufkochen und das Gemüse zugedeckt in ca. 10 Min. bissfest garen.

4 Gemüse vom Herd nehmen, den Joghurt einrühren. Mit Salz, Pfeffer und Garam Masala abschmecken. Eingeweichten Reis abgießen, in kochendem Salzwasser 5–6 Min. halb garen und abgießen. Kalt abschrecken und abtropfen lassen.

5 Den Backofen auf 180° vorheizen. Die Hälfte von Reis und Zwiebeln in einen gusseisernen Topf schichten, das Gemüse daraufgeben und mit dem Rest von Reis und Zwiebeln abschließen. Biryani mit der lauwarmen Milch beträufeln, mit 1 TL Ghee in Flöckchen belegen und mit Alufolie abdecken. Im Ofen (Mitte) bei aufgelegtem Deckel ca. 1 Std. garen.

Für 4 Personen • 30 Min. Zubereitung • 12 Std. Einweichen • Pro Portion ca. 355 kcal, 11 g E, 16 g F, 44 g KH

INDISCHE LINSENPFANNKUCHEN

GUT VORZUBEREITEN

125 g Moong Dal (geschälte Mungbohnen)
125 g Basmati-Reis
1 Stück Ingwer (ca. 4 cm lang)
1 geh. TL Salz
½ TL gemahlene Kurkuma
½ TL Garam Masala
1 Prise Zucker
4 TL Ghee (indisches Butterschmalz), ersatzweise Öl

HALTBARKEITS-TIPP
Abgedeckt im Kühlschrank bleiben die Pfannkuchen ca. 3 Tage lang frisch, eingefroren mindestens 1 Monat. Vor dem Servieren in einer Pfanne von jeder Seite kurz aufbacken.

1 Moong Dal und Basmati-Reis getrennt in Schüsseln geben, mit reichlich Wasser bedecken und über Nacht einweichen. Am nächsten Tag beides in ein Sieb abgießen, mit kaltem Wasser gründlich abspülen und gut abtropfen lassen. Dal zusammen mit dem Reis in einen leistungsstarken Mixer geben.

2 Ingwer schälen, grob schneiden und gleichfalls in den Mixer geben. Salz, Gewürze, Zucker und 240 ml Wasser hinzufügen und alles auf höchster Stufe zu einem glatten, leicht dickflüssigen Teig mixen. Bei Bedarf etwas Wasser untermixen.

3 In einer beschichteten Pfanne (ca. 24 cm ∅) ½ TL Ghee erhitzen und verteilen. Eine Schöpfkelle Teig (ca. 60 ml) in die Pfanne geben, durch Schwenken der Pfanne dünn verteilen und evtl. mit einem Löffel spiralförmig noch weiter zu einem runden Pfannkuchen (ca. 20 cm ∅) ausstreichen.

4 Den Pfannkuchen 2–3 Min. backen, dann wenden und weitere ca. 2 Min. braten. Herausnehmen, warm halten. Auf diese Weise aus dem restlichen Teig im übrigen Fett ca. 7 weitere Pfannkuchen backen. Nach Wunsch mit Chutney oder Raita servieren.

GU
CLOU

Für ein besonders herzhaftes Aroma den Teig je nach Raumtemperatur 8 bis 24 Std. fermentieren lassen. Sobald sich kleine Bläschen an der Oberfläche zeigen und der Teig leicht säuerlich riecht, ist er bereit zum Backen.

Für 2 Personen • 20 Min. Zubereitung • 45 Min. Backen • Pro Portion ca. 510 kcal, 25 g E, 25 g F, 41 g KH

WEISSE BOHNEN MIT QUINOA

GUT VORZUBEREITEN

1 Dose weiße Riesenbohnen (240 g Abtropfgewicht)
70 g Quinoa
2 Knoblauchzehen
450 g Tomaten
3 TL Tomatenmark
1 TL getrockneter Oregano
2 EL Olivenöl
Salz
Pfeffer
170 ml Gemüsebrühe
125 g Mozzarella
2 Stängel Oregano

AUSSERDEM
Fett für die Form

1 Backofen auf 180° vorheizen. Bohnen in ein Sieb abgießen, abbrausen und abtropfen lassen. Quinoa in einem feinen Sieb unter heißem Wasser gründlich abbrausen, dann abtropfen lassen. Knoblauch schälen und durch eine Knoblauchpresse drücken. Tomaten waschen, trocken reiben und in ca. 1 cm große Würfel schneiden, dabei die Stielansätze entfernen. Bohnen, Knoblauch, Tomaten, Tomatenmark, Oregano und Olivenöl mischen. Mit Salz und Pfeffer würzen. Gemüsebrühe und Quinoa unterrühren.

2 Eine Auflaufform (ca. 22 × 18 cm) fetten. Bohnenmix darin verteilen und im Ofen ca. 25 Min. backen. Inzwischen Mozzarella klein würfeln. Auflauf nach den 25 Min. Backzeit aus dem Ofen nehmen, gut durchrühren und Käse darauf verteilen. Im Ofen 15–20 Min. weiterbacken, bis der Käse geschmolzen und goldbraun ist. Oregano waschen und trocken schütteln, Blättchen abzupfen. Auflauf aus dem Ofen nehmen, ca. 5 Min. ruhen lassen. Mit Oregano bestreuen.

Für 2 Personen • 20 Min. Zubereitung • 30 Min. Backen • Pro Portion ca. 550 kcal, 17 g E, 33 g F, 47 g KH

TOMATEN-ZUCCHINI-POLENTA

MEDITERRAN

1 Knoblauchzehe
100 g Polenta (Maisgrieß)
Salz
4 EL Olivenöl
50 g italienischer Hartkäse (mit mikrobiellem Lab, z. B. Montello)
1 Zweig Rosmarin
250 g Romatomaten
1 Zucchino (ca. 250 g)
20 g Haselnusskerne
Pfeffer

1 Backofen auf 180° vorheizen. Knoblauch schälen, durchpressen und mit ca. 460 ml heißem Wasser, Polenta, ca. 1 TL Salz und 2 EL Öl in einer Auflaufform (ca. 30 × 20 cm) verrühren. Mischung 5 Min. in den Ofen (Mitte) stellen. Herausnehmen, mit einem Schneebesen durchrühren und weitere 5 Min. in den Ofen stellen. Inzwischen Käse fein reiben. Rosmarin waschen und trocken schütteln. Nadeln abzupfen, grob hacken und mit dem übrigen Öl (2 EL) vermischen. Polenta aus dem Ofen nehmen (Ofen nicht ausschalten), die Hälfte des Käses unterrühren. Polenta glatt streichen und beiseitestellen.

2 Tomaten waschen, trocken reiben. In ca. 3 mm dünne Scheiben schneiden, dabei Stielansätze entfernen. Zucchino waschen, putzen und in ca. 3 mm dünne Scheiben schneiden. Nüsse grob hacken. Zucchino und Tomaten dachziegelartig auf die Polenta legen, mit Rosmarinöl bestreichen. Salzen und pfeffern, mit Nüssen und übrigem Käse bestreuen. Im Ofen in ca. 20 Min. goldbraun backen.

Für 4 Personen • 40 Min. Zubereitung • Pro Portion ca. 335 kcal, 5 g E, 19 g F, 38 g KH

SUSHI-BURGER

FÜR GÄSTE

150 g Sushi-Reis
1 EL heller Sesam
1 EL dunkler Sesam (ersatzweise ungeschälter heller Sesam)
1 EL veganer Reisessig (ersatzweise veganer Aceto balsamico bianco)
Salz
1 kleine Möhre
¼ Gurke
½ Mango
80 g Rotkohl
120 g vegane Mayonnaise
1 TL Wasabi

1 Den Reis in einem Sieb abspülen, in einem Topf mit 300 ml Wasser aufkochen und bei kleiner Hitze ca. 10 Min. zugedeckt köcheln lassen. Vom Herd nehmen und 10 Min. quellen lassen. Beide Sorten Sesam, Essig und 1 TL Salz unterrühren und ca. 5 Min. ruhen lassen. Inzwischen die Möhre putzen, schälen, in ca. 5 cm lange Stücke schneiden und längs mit einem Sparschäler in dünne Scheiben schneiden. Gurke waschen und in dünne Scheiben schneiden. Die Mangohälfte schälen und das Fruchtfleisch in dünne Spalten schneiden. Den Rotkohl waschen und in sehr feine Streifen schneiden.

2 Den Reis in 8 Portionen teilen. 4 Portionen mit angefeuchteten Händen zu ca. 7 cm großen Kreisen formen. Die übrigen Portionen in der gewölbten Handfläche zu gewölbten Kreisen formen. Mayonnaise und Wasabi mischen und alle Reiskreise innen damit bestreichen. Die flachen Kreise mit Gurken- und Möhrenscheiben, Mangospalten und Rotkohl belegen. Mit den gewölbten Kreisen abdecken.

Für 4 Personen • 30 Min. Zubereitung • Pro Portion ca. 510 kcal, 15 g E, 26 g F, 44 g KH

FALAFEL-BURGER

ORIENTALISCH

1 Pck. Falafel-Fertigmischung (160 g)
3 EL Öl
40 g Baby-Blattspinat
1 kleine Möhre
1 Tomate
1 Avocado
200 g Rote-Bete-Scheiben (eingelegt, aus dem Glas)
4 Vollkorn-Pita-Brote
2 Knoblauchzehen
200 g vegane Joghurtalternative aus Soja
Salz, Pfeffer
4 geh. EL Hummus (aus dem Glas)

1 Die Falafelmischung nach Packungsanweisung mit heißem Wasser anrühren und quellen lassen. 4 Pattys daraus formen. Das Öl in einer großen Pfanne erhitzen und die Pattys bei mittlerer Hitze pro Seite ca. 6 Min. goldbraun braten. Spinat verlesen, waschen und trocken schleudern. Möhre putzen, schälen und mit dem Sparschäler in dünne Streifen schneiden. Tomate waschen und in Scheiben schneiden. Avocado halbieren, entkernen und schälen, das Fruchtfleisch in dünne Scheiben schneiden. Die Roten Beten abgießen.

2 Die Pita-Brote im Toaster aufbacken und aufschneiden. Den Knoblauch schälen und fein würfeln. Joghurt mit Knoblauch, Salz und Pfeffer glatt rühren. Die unteren Pita-Hälften mit je 1 geh. EL Hummus bestreichen. Roten Beten, Spinat und Möhren daraufstapeln. 1 EL Joghurt daraufstreichen und das Patty darauflegen. Die Avocadoscheiben darauf verteilen und den übrigen Joghurt darübergeben. Die oberen Pita-Hälften auflegen.

Für 4 Personen • 45 Min. Zubereitung • 25 Min. Backen • Pro Portion ca. 320 kcal, 10 g E, 13 g F, 39 g KH

BREZENKNÖDEL-BURGER

BAYERISCH

4 vegane Laugenbrezen (ca. 300 g)
1 EL geschrotete Leinsamen
2 kleine Zwiebeln
500 g Sellerie
250 g braune Champignons
4 EL Olivenöl
Salz, Pfeffer
1 TL rosenscharfes Paprikapulver
8 TL Ajvar (aus dem Glas)
4 Blätter Lolo Rosso

RESTE-TIPP
Dieser Burger eignet sich, um trockene Brezen- oder auch Brötchenreste vom Vortag zu nutzen. Reste am besten immer gleich in Stücke schneiden und im Tiefkühlfach sammeln.

1 Die Brezen in 1,5 cm große Würfel schneiden, in einer Schüssel mit 200 ml kochendem Wasser übergießen und ca. 10 Min. einweichen. Die Leinsamen unterrühren und die Mischung ca. 5 Min. ziehen lassen. Den Backofen auf 180° (Umluft) vorheizen und zwei Backbleche mit Backpapier auslegen.

2 Zwiebeln schälen und fein würfeln. Sellerie schälen und aus der Mitte 4 große ca. 1,5 cm dicke Scheiben schneiden. Die Scheiben quer und längs alle 2 cm ca. 5 mm tief einschneiden und auf ein Blech legen. Pilze putzen, in 5 mm dicke Scheiben schneiden und mit 1 EL Öl sowie der Hälfte der Zwiebeln mischen. Mit Salz und Pfeffer würzen und auf das Blech geben. Übriges Öl (3 EL) mit 1 TL Salz und Paprikapulver verrühren.

3 Die übrigen Zwiebeln zum Teig geben und alles durchkneten. Kräftig salzen und pfeffern. Mit angefeuchteten Händen aus je 2 geh. EL Knödelteig 8 Kugeln formen, auf das zweite Blech legen und zu ca. 8,5 cm großen Knödelscheiben formen.

4 Beide Bleche in den Ofen schieben und alles ca. 25 Min. backen. Nach 10 Min. den Sellerie auf beiden Seiten mit Paprikaöl einpinseln und die Pilze wenden. Nach weiteren 8 Min. Sellerie und Brezenknödel wenden.

5 Die Bleche aus dem Ofen nehmen, 4 Brezenknödel mit je 2 TL Ajvar bestreichen, mit Salat und Sellerie belegen. Die Champignon-Zwiebel-Mischung mitsamt der Bratflüssigkeit darübergeben und mit den übrigen Brezenknödeln abdecken.

Für 4 Personen • 40 Min. Zubereitung • 25 Min. Backen • Pro Portion ca. 445 kcal, 20 g E, 2 g F, 88 g KH

BLUMENKOHL-WINGS

BALLASTSTOFFREICH

1 kleiner Blumenkohl (ca. 1 kg)
1 Bio-Zitrone
300 ml Haferdrink (ersatzweise Wasser)
5 TL Teriyaki-Sauce
200 g Mehl
1 TL Salz
150 g Semmelbrösel
1 TL edelsüßes Paprikapulver
¼ TL geräuchertes Paprikapulver
Pfeffer
175 ml vegane BBQ-Sauce (Fertigprodukt oder selbst gemacht, s. S. 190)

RESTE-TIPP
Auch die zarten Blätter des Blumenkohls lassen sich verwenden und so vor dem Biomüll retten. Sie können ebenfalls paniert und im Ofen 13–15 Min. gebacken werden.

1 Den Ofen auf 175° (Umluft) vorheizen und ein Backblech mit Backpapier auslegen. Den Blumenkohl waschen, die äußeren Blätter und das trockene Stielende entfernen und den Blumenkohl in ca. 3 cm große Röschen schneiden. Übrige Stücke vom Stiel klein schneiden.

2 Die Zitrone heiß waschen, abtrocknen und die Schale abreiben. Zitrone halbieren und die Hälften auspressen. In einer Schüssel mit gut schließendem Deckel den Haferdrink mit Zitronenschale, 1 EL Zitronensaft, Teriyakisauce, Mehl und Salz mit einem Schneebesen zu einer homogenen, zähen Masse verrühren. Die Semmelbrösel in einer großen Schüssel mit beiden Paprikapulvern und Pfeffer vermischen.

3 Den Blumenkohl in die Mehlmischung geben, den Deckel auflegen und die Schüssel gründlich schütteln, damit die Mischung überall hingelangt und rundherum an den Röschen haften bleibt. Dann die Röschen portionsweise in den Semmelbröseln wenden und auf das Blech legen. Alle Röschen und die Stücke vom Stiel ebenso panieren und auf das Blech legen.

4 Die Blumenkohl-Wings im Ofen ca. 12 Min. backen. Herausnehmen und in einer großen Schüssel mithilfe eines großen Löffels vorsichtig mit der BBQ-Sauce vermischen. In weiteren 13 Min. knusprig backen, evtl. mehrmals wenden, damit sie gleichmäßig knusprig werden. Die Wings als Beilage zum Burger oder mit einem Salat als leichte Hauptspeise servieren.

Für 4 Portionen • 30 Min. Zubereitung • Pro Portion ca. 320 kcal, 12 g EW, 25 g F, 4 g KH

GEMÜSEPFANNE MIT MOZZARELLA

VITAMINREICH

500 g junge Möhren
500 g Zuckerschoten
4 EL Olivenöl mit Zitrone
Salz
Pfeffer
125 ml Gemüsebrühe
250 g Mini-Mozzarellakugeln (z. B. Büffelmozzarella)

1 Die Möhren putzen, schälen und auf dem Gemüsehobel oder mit dem Messer schräg in dünne Scheiben schneiden. Die Zuckerschoten waschen und putzen, größere Schoten schräg halbieren.

2 In einer großen beschichteten Pfanne 2 EL Olivenöl mit Zitrone erhitzen und die Möhren darin bei mittlerer Hitze 2–3 Min. andünsten. Mit Salz und Pfeffer würzen. Die Zuckerschoten dazugeben und kurz mitdünsten. Die Brühe angießen und das Gemüse zugedeckt bei mittlerer Hitze in ca. 5 Min. bissfest garen.

3 Inzwischen den Mozzarella abgießen und abtropfen lassen, größere Kugeln halbieren. Die Pfanne vom Herd nehmen und den Mozzarella untermischen. Mit Salz und Pfeffer abschmecken, auf Tellern anrichten und mit dem übrigen Olivenöl beträufeln. Dazu passt Baguette.

Für 4 Personen • 40 Min. Zubereitung • Pro Portion ca. 395 kcal, 28 g EW, 22 g F, 8 g KH

LUPINENFILET MIT GEMÜSE

LOW CARB

4 Lupinenfilets (à 100 g; aus dem Bioladen)
4 EL Olivenöl
Salz
Pfeffer
2 Zucchini (à ca. 200 g; davon möglichst 1 gelbe)
2 rote Paprika
2 Dosen Kirschtomaten (à 400 g)

1 Lupinenfilets trocken tupfen, rundherum mit 2 EL Olivenöl bestreichen, salzen und pfeffern. Zucchini waschen, putzen, jeweils längs halbieren und quer in ca. ½ cm dicke Scheiben schneiden. Paprika waschen, putzen, dabei weiße Trennwände und Kerne entfernen. Dann in 2–3 cm große Stücke schneiden. Backofen auf 80° vorheizen. Eine große beschichtete Pfanne erhitzen, Lupinenfilets darin bei starker Hitze auf jeder Seite in ca. 2 Min. hellbraun anbraten. Aus der Pfanne nehmen und auf einer Platte im Ofen warm halten.

2 Übriges Öl (2 EL) in der Pfanne erhitzen und Zucchini darin bei mittlerer Hitze in 2–3 Min. unter Wenden hellbraun braten. Mit Salz und Pfeffer würzen. Paprika dazugeben und ca. 2 Min. weiterbraten. Tomaten samt Saft hinzufügen. Aufkochen und zugedeckt bei mittlerer Hitze ca. 5 Min. schmoren. Mit Salz und Pfeffer abschmecken. Lupinenfilets in Stücke schneiden und mit dem Gemüse anrichten.

DIPS

Ein tolles leckeres Essen, aber das i-Tüpfelchen fehlt noch? Zeit für unsere besten raffinierten Dips! Ob schnelle Hollandaise zu Spargel, Paprika-Hummus zu fluffigem Fladenbrot, Kürbis-Chutney zu würzigem Käse oder BBQ-Sauce zu saftigem Burger – da ist für jeden was dabei!

Für 4 Personen • 10 Min. Zubereitung • 30 Min. Backen • Pro Portion ca. 125 kcal, 4 g E, 7 g F, 14 g KH

KÜRBIS-PAPRIKA-DIP

GUT VORZUBEREITEN

1 rote Paprika • 250 g Hokkaido-Kürbis (geputzt gewogen) • 1 EL Öl • 1 Knoblauchzehe • 2 EL Erdnussmus • 2 EL Zitronensaft • 1 TL edelsüßes Paprikapulver • 1 Prise Zucker • Salz • Pfeffer • Cayennepfeffer (nach Belieben)

1 Backofen auf 200° vorheizen. Paprika waschen, halbieren, Stielansatz, weiße Trennwände und Kerne entfernen. Paprikahälften und Kürbis würfeln. Beides mit dem Öl in einer hitzefesten Form mischen und im heißen Ofen (Mitte) in ca. 30 Min. weich garen und leicht anbräunen.

2 Gemüse aus dem Ofen nehmen und etwas abkühlen lassen. Knoblauch schälen, grob würfeln. Alles in einem hohen Becher zusammen mit dem Erdnussmus, Zitronensaft, Paprikapulver, Zucker sowie etwas Salz und Pfeffer pürieren. Dip nach Belieben mit etwas Cayennepfeffer abschmecken und lauwarm oder kalt servieren.

Für 4 Personen • 15 Min. Zubereitung • 24 Std. Abtropfen • Pro Portion ca. 150 kcal, 6 g E, 6 g F, 16 g KH

LABNEH MIT DATTELN

AUS DER LEVANTE

500 g Sojaghurt • 6 Datteln (entsteint) • 1 ½ EL Zitronensaft • 1 EL Olivenöl • 1 Knoblauchzehe • 2 Prisen Zimtpulver • 1 Prise gemahlener Kreuzkümmel • 1 Prise Zucker • Salz • Pfeffer • 2 EL Zwiebel-Chutney

1 Am Vortag ein Sieb über einen Topf hängen und mit einem sauberen Geschirrtuch auslegen. Sojaghurt einfüllen und mit dem Tuch abdecken, dann mit einem Teller beschweren, in den Kühlschrank stellen und ca. 24 Std. abtropfen lassen.

2 Am nächsten Tag den abgetropften Sojaghurt in eine Schüssel umfüllen. Die Datteln sehr fein hacken, mit Zitronensaft und Öl untermischen. Knoblauch schälen, dazupressen. Zimtpulver, Kreuzkümmel und 1 Prise Zucker unterrühren, mit Salz und Pfeffer abschmecken. Den Dip mit Zwiebel-Chutney beträufeln.

Für 4 Personen • 10 Min. Zubereitung • 30 Min. Backen • Pro Portion ca. 165 kcal, 4 g E, 11 g F, 11 g KH

ROASTED-JALAPEÑO-HUMMUS

FÜRS BÜFFET

2 Jalapenoschoten • 3 El Olivenöl • Salz • 225 g schwarze Bohnen (Dose) • 1 Knoblauchzehe • 3 EL Limettensaft • 1 EL Tahin (Sesampaste) • 1 TL Zucker • ½ TL gemahlener Kreuzkümmel • 1 TL edelsüßes Paprikapulver • 30 g Crushed Ice (nach Belieben) • Pfeffer

1 Backofen auf 200° vorheizen. Jalapeños waschen, trocken tupfen. In einer kleinen Auflaufform mit 1 EL Öl beträufeln, salzen und im Ofen (Mitte) ca. 30 Min. backen, bis sie leicht gebräunt sind. Dann herausnehmen und die Stiele ablösen. Bohnen in ein Sieb abgießen, kalt abspülen und abtropfen lassen. Knoblauch schälen.

2 Abgetropfte Bohnen und Jalapeños in einen hohen Rührbecher geben. Limettensaft, Tahin, Zucker, Kreuzkümmel, Paprikapulver und nach Belieben Eis hinzufügen und alles fein pürieren. Hummus mit Salz und Pfeffer abschmecken.

Für 4 Personen • 10 Min. Zubereitung • Pro Portion ca. 145 kcal, 2 g E, 13 g F, 3 g KH

GUACAMOLE MIT RUCOLA UND NÜSSEN

MEXIKANISCH

1 Avocado • 1 Knoblauchzehe • 3 EL Limettensaft • ½ TL gemahlener Kreuzkümmel • 1 Prise Cayennepfeffer (nach Belieben) • Salz • Pfeffer • 1 Prise Zucker • 1 kleines Bund Koriandergrün • 50 g Rucola • 2 EL Haselnussblättchen

1 Avocado halbieren, entkernen und schälen. Das Fruchtfleisch in eine kleine Schüssel geben. Knoblauch schälen und dazupressen. Limettensaft, Kreuzkümmel und nach Belieben Cayennepfeffer hinzufügen. Alles mit einer Gabel fein zerdrücken. Mit Salz, Pfeffer und Zucker würzen.

2 Koriandergrün und Rucola waschen und trocken tupfen, beides samt Stielen fein hacken, 1 EL für die Deko abnehmen. Den Rest unter die Guacamole heben. Mit Salz und Pfeffer abschmecken. Haselnussblättchen in einer Pfanne ohne Fett hellbraun rösten. Mit übrigem Rucola-Koriander-Mix über die Guacamole streuen.

Für 4 Personen • 20 Min. Zubereitung • Pro Portion ca. 385 kcal, 4 g E, 14 g F, 0 g KH

SCHNELLE HOLLANDAISE

KLASSIKER

150 g Butterschmalz
2 Eier (M)
4 EL Weißwein
¼ TL mittelscharfer Senf
Salz, Pfeffer

GUT ZU WISSEN
Die Hollandaise lässt sich im heißen Wasserbad (55–60°) ca. 30 Min. warm halten. Da die Sauce jedoch mit rohem Eigelb und Butter zubereitet und nicht gekocht wird, Reste auf keinen Fall aufheben!

1 Das Butterschmalz in einem kleinen Topf schmelzen und einmal aufkochen lassen. Vom Herd nehmen und das flüssige Butterschmalz in einen Messbecher mit Ausgießer umfüllen.

2 Eier trennen und die Eigelbe in einen hohen Rührbecher geben (die Eiweiße anderweitig verwenden). Die Eigelbe mit dem Pürierstab schaumig schlagen. Wein, Senf, ½ TL Salz und 2 Prisen Pfeffer zugeben und untermixen.

3 Die Eigelbmasse dann mit dem Pürierstab durchmixen und dabei die Hälfte vom Butterschmalz in einem dünnen Strahl zulaufen lassen. Das restliche Butterschmalz beiseitestellen und die Hollandaise mit dem Pürierstab einmal gut durchmixen.

4 Danach das restliche Butterschmalz langsam unter die Hollandaise mixen. Die Sauce zuletzt mit Salz und Pfeffer abschmecken und servieren. Die Hollandaise passt zu gekochtem oder frittiertem Fisch und besonders gut zu Gemüse wie Spargel, Blumenkohl und Brokkoli.

Für 4 Personen • 30 Min. Zubereitung •
20 Min. Kühlen •
Pro Portion ca. 235 kcal, 8 g E, 21 g F, 3 g KH

SPINAT-NUSS-PASTE

AUS ITALIEN

125 g Baby-Blattspinat • 2 EL Walnüsse • 1 Schalotte • 1 Knoblauchzehe • 2 EL Olivenöl • Salz, Pfeffer • 2 TL Zitronensaft • 50 g Montello-Hartkäse • 100 g Doppelrahmfrischkäse

1 Spinat verlesen, waschen, tropfnass in einen Topf geben und bei mittlerer Hitze zugedeckt in 2–3 Min. zusammenfallen lassen. In einem Sieb abtropfen lassen, ausdrücken und fein hacken.

2 Die Nüsse fein hacken. Schalotte und Knoblauch schälen, fein würfeln und im heißen Öl bei mittlerer Hitze glasig dünsten. Nüsse und Spinat zugeben, 3–4 Min. mitdünsten. Mit Salz, Pfeffer und Zitronensaft würzen. Vom Herd nehmen.

3 Den Käse reiben und mit dem Frischkäse verrühren. Den Spinat-Mix untermischen. Spinat-Nuss-Paste ca. 20 Min. kühl stellen. Der Aufstrich hält sich im Kühlschrank 2–3 Tage.

Für 4 Personen • 25 Min. Zubereitung •
1 Std. Kühlen •
Pro Portion ca. 185 kcal, 6 g E, 12 g F, 12 g KH

PAPRIKA-HUMMUS

ORIENTALISCH

1 große rote Paprika • 150 g Kichererbsen (aus der Dose) • 2 EL Olivenöl • 1 EL Tahin (Sesampaste) • 1 EL Zitronensaft • ½ TL Chiliflocken • ½ TL gemahlener Kreuzkümmel • Salz, Pfeffer

1 Backofengrill vorheizen. Paprika halbieren, weiße Trennwände und Kerne entfernen, die Hälften waschen und auf dem Rost (oben) 8–10 Min. rösten, bis die Haut schwarz wird und Blasen wirft. Herausnehmen, mit einem Tuch abdecken und etwas abkühlen lassen, dann die Haut abziehen. Paprika grob zerkleinern.

2 Kichererbsen abgießen, abbrausen und abtropfen lassen. Mit Paprika, Öl und Tahin fein pürieren. Zitronensaft, Chiliflocken und Kreuzkümmel kurz untermixen. Die Paste mit Salz und Pfeffer würzen, ca. 1 Std. kühlen. Der Aufstrich hält sich im Kühlschrank 1 Woche.

Für 4 Personen • 30 Min. Zubereitung • 1 Std. 10 Min. Kühlen • Pro Portion ca. 200 kcal, 5 g E, 16 g F, 10 g KH

KÜRBIS-CURRY-AUFSTRICH

HERBST-REZEPT

150 g Butternuss- oder Muskat-Kürbis • 100 g Cashewkerne • 1 EL Kokosöl • 1 ½ TL scharfes Currypulver • 100 ml Gemüsebrühe • 1 TL Honig • 2 TL Zitronensaft • Salz, Pfeffer

1 Den Kürbis schälen, entkernen und grob raspeln. Die Cashewkerne hacken und im heißen Kokosöl bei mittlerer Hitze unter Wenden in 3–4 Min. goldbraun rösten. Die Kürbisraspel zugeben und ca. 2 Min. dünsten. Mit dem Curry bestäuben, kurz andünsten. Mit der Brühe ablöschen, aufkochen und alles zugedeckt bei milder Hitze ca. 5 Min. köcheln.

2 Den Topf vom Herd nehmen, die Kürbismischung fein pürieren. Mit Honig, Zitronensaft, Salz und Pfeffer abschmecken. Den Aufstrich ca. 10 Min. abkühlen lassen, dann 1 Std. kalt stellen. Hält sich im Kühlschrank ca. 1 Woche.

Für 4 Personen • 25 Min. Zubereitung • 20 Min. Garen • 1 Std. 10 Min. Kühlen • Pro Portion ca. 155 kcal, 4 g E, 12 g F, 8 g KH

ROTE-BETE-MEERRETTICH-CREME

WINTER-REZEPT

200 g Rote Bete • 1 kleine rote Zwiebel • 2 EL Olivenöl • 50 g Sonnenblumenkerne • 75 ml Gemüsebrühe • 1 TL brauner Rohrzucker • 1 EL geriebener Meerrettich (Glas) • Salz, Pfeffer

1 Die Roten Beten (mit Einmalhandschuhen) putzen, schälen und in kleine Würfel schneiden. Die Zwiebel schälen und fein würfeln. Das Öl in einem Topf erhitzen, die Zwiebel bei mittlerer Hitze glasig dünsten. Die Sonnenblumenkerne und die Roten Beten zugeben, 2–3 Min. unter Wenden dünsten. Mit der Brühe ablöschen und zugedeckt bei schwacher Hitze ca. 20 Min. garen.

2 Den Topf vom Herd nehmen, die Gemüsemischung fein pürieren. Mit Zucker, Meerrettich, Salz und Pfeffer abschmecken. Den Aufstrich ca. 10 Min. abkühlen lassen, dann 1 Std. kalt stellen. Hält sich im Kühlschrank 3–4 Tage.

Für 1 Glas (600 ml) • 30 Min. Zubereitung • Pro Portion (20 ml) ca. 46 kcal, 1 g E, 3 g F, 5 g KH

TOMATEN-DATTEL-CHUTNEY

KLASSIKER AUS INDIEN

400 g Tomaten
75 g saftige Datteln (z. B. Medjool)
1 Zwiebel
3 Knoblauchzehen
1 Stück Ingwer (ca. 2 cm lang)
1 grüne Chilischote
3 EL Öl
1 TL Panch Phoron (indische 5-Gewürze-Mischung)
½ TL Chilipulver
1 TL brauner Zucker
25 ml Apfelessig
Salz
Limettensaft (nach Belieben)

1 Tomaten waschen und vierteln, dabei die Stielansätze entfernen. Die Datteln entsteinen, Zwiebel und Knoblauch schälen. Alle Zutaten fein würfeln. Den Ingwer schälen. Die Chilischote längs halbieren, von weißen Trennwänden und Stielansatz befreien, waschen und nach Belieben entkernen. Ingwer und Chili fein hacken.

2 Das Öl in einem Topf erhitzen. Panch Phoron darin 2–3 Min. anrösten, bis die Gewürze beginnen zu duften. Alle vorbereiteten Zutaten, Chilipulver, Zucker, 100 ml Wasser und Apfelessig zugeben, aufkochen und offen bei mittlerer Hitze in ca. 20 Min. zu einer dickflüssigen Masse einkochen. Dabei regelmäßig umrühren.

3 Das Chutney mit Salz und nach Belieben mit Limettensaft oder Zucker süßsauer abschmecken. Sofort in ein sauberes Schraubglas füllen und dieses fest verschließen. Nach dem Abkühlen in den Kühlschrank stellen, dort ist das Chutney ca. 1 Woche haltbar.

Für 1 Glas (600 ml) • 45 Min. Zubereitung • 1 Tag Ruhen • Pro Portion (20 ml) ca. 100 kcal, 0 g E, 1 g F, 22 g KH

MANGO-CHUTNEY

FRUCHTIG-PIKANT

2 kleine, noch feste Mangos (ca. 500 g Fruchtfleisch)
3 rote Chilischoten
1 Stück Ingwer (ca. 1 cm lang)
3 grüne Kardamomkapseln
1 EL Öl
¼ TL schwarze Senfkörner
¼ TL Bockshornkleesamen
Salz
200 g brauner Zucker
150 ml milder Essig (z. B. Weißweinessig)

1 Die Mangos schälen, das Fruchtfleisch vom Stein schneiden und klein würfeln. Die Chilischoten waschen, längs halbieren, von den weißen Trennwänden und Stielansatz befreien und nach Belieben entkernen. Die Chilis klein würfeln. Den Ingwer schälen, fein hacken. Kardamomkapseln im Mörser anquetschen.

2 Das Öl in einem Topf erhitzen. Senfkörner, Bockshornkleesamen und Kardamom darin anrösten, bis die Samen anfangen zu knistern. Mangowürfel, 1 TL Salz, braunen Zucker und Essig hinzufügen, alles aufkochen und bei mittlerer Hitze 25–30 Min. offen köcheln lassen, bis die Fruchtstücke anfangen zu zerfallen.

3 Chutney mit Salz abschmecken und in ein sauberes Schraubglas füllen. Dieses fest verschließen und nach dem Abkühlen in den Kühlschrank stellen. Das Chutney vor dem Verzehr mind. 1 Tag durchziehen lassen. Gekühlt aufbewahrt ist es ca. 1 Monat haltbar.

Für 2 Gläser (à 250 ml) • 5 Min. Zubereitung • 25 Min. Kochen • Pro Portion (20 ml) ca. 17 kcal, 0 g E, 0 g F, 3 g KH

SMOKY-BBQ-SAUCE

GRUNDREZEPT

300 g passierte Tomaten • 150 g Tomaten-Paprika-Mark (ersatzweise Tomatenmark) • 2 EL Aceto balsamico • 2 EL Apfelessig • 3 EL Sojasauce • 50 g Rohrohrzucker • 1 TL Knoblauchpulver • 1 TL geräuchertes Paprikapulver • 1 TL edelsüßes Paprikapulver • 15 Tropfen Flüssigrauch (Liquid Smoke) • Salz • Pfeffer

1 Alle Zutaten in einen kleinen Topf geben und bei mittlerer Hitze erwärmen. Gelegentlich umrühren und langsam zum Kochen bringen. Die Sauce einmal aufkochen, dann auf kleinste Hitze reduzieren und in ca. 25 Min. eindicken lassen. Die Sauce mit Salz und Pfeffer abschmecken

2 Die heiße Sauce in zwei Schraubgläser füllen, verschließen und bis zu 2 Wochen im Kühlschrank aufbewahren. Die Sauce schmeckt auf Burgern und zu Pommes, eignet sich als Marinade für Tofu oder zum Glasieren von Pattys.

Für 1 Glas (500 ml) • 25 Min. Zubereitung • Pro Portion (20 ml) ca. 50 kcal, 2 g E, 3 g F, 3 g KH

VEGANE KÄSESAUCE

GUT VORZUBEREITEN

200 g Cashewkerne • 1 TL Knoblauchpulver • 2 EL Zitronensaft • 20 g Hefeflocken • 1 Msp. geräuchertes Paprikapulver • 1 TL edelsüßes Paprikapulver • 1 TL gemahlene Kurkuma • 1 TL Gemüsebrühe (Instant) • Salz • Pfeffer

1 Die Cashewkerne mit 300 ml kochendem Wasser übergießen und ca. 10 Min. einweichen. Abspülen und mit Knoblauchpulver in den Mixer geben. Zitronensaft, Hefeflocken, Gewürze, 1 TL Salz und etwas Pfeffer sowie 250 ml kaltes Wasser dazugeben. Alles in ca. 3 Min. cremig pürieren. Kräftig salzen und pfeffern.

2 Die Sauce in einem Topf bei mittlerer Hitze unter häufigem Rühren ca. 10 Min. eindicken lassen, ggf. Wasser dazugeben. Warm oder kalt zum Dippen oder Überbacken verwenden.

Für 1 Glas (450 ml) • 6 Min. Zubereitung • Pro Portion (20 ml) ca. 70 kcal, 2 g E, 7 g F, 1 g KH

SESAM-MINZE-DIP

SCHNELL

4 EL heller Sesam • 200 g vegane Joghurtalternative aus Soja • 150 g vegane Mayonnaise • 70 g Tahin (Sesampaste) • 1 Bio-Orange • 1 Bund Minze • 1 Knoblauchzehe • 2 EL dunkler Sesam • Salz • Pfeffer

1 Hellen Sesam in einer Pfanne ohne Fett wenige Min. anrösten, bis er duftet, herausnehmen.

2 Joghurt, Mayo und Tahin glatt rühren. Orange heiß waschen, abtrocknen und die Schale in den Dip reiben. Die Frucht halbieren und auspressen. 5 EL Saft dazugeben. Minze waschen, trocken schütteln, die Blätter abzupfen und ein paar beiseitelegen. Die übrigen Blätter fein hacken und zum Dip geben. Knoblauch schälen und dazupressen. 3 EL gerösteten Sesam dazugeben. Alles gut vermischen, mit Salz und Pfeffer abschmecken und mit dem restlichen hellen (1 EL) und dem dunklen Sesam bestreut servieren.

Für 1 Glas (450 ml) • 8 Min. Zubereitung • Pro Portion (20 ml) ca. 45 kcal, 1 g E, 3 g F, 4 g KH

DATTEL-CURRY-SAUCE

FÜR GÄSTE

50 g Mandelblättchen • 1 Knoblauchzehe • 100 g getrocknete Datteln • 200 g pflanzliche Joghurtalternative aus Mandeln • 150 g vegane Frischkäsealternative aus Mandeln • 2 TL mildes Currypulver • Salz • Pfeffer

1 Die Mandelblättchen in einer Pfanne ohne Fett einige Min. bei mittlerer Hitze hellbraun anrösten, bis sie duften. Aus der Pfanne nehmen und grob hacken.

2 Den Knoblauch schälen und grob hacken. Die Datteln grob zerkleinern. Knoblauch und Datteln mit Joghurt, Frischkäse, Currypulver und 50 ml Wasser im Hochleistungsmixer fein pürieren. Die Sauce mit Salz und Pfeffer abschmecken. In ein sauberes Schraubglas umfüllen und bis zu 4 Tage im Kühlschrank aufbewahren. Die Dattel-Curry-Sauce passt zu orientalischen Burgern oder als cremiger Dip zu Rohkost.

Für 4 Personen • 15 Min. Zubereitung • Pro Portion ca. 350 kcal, 1 g E, 38 g F, 2 g KH

MAYONNAISE OHNE EI

GRUNDREZEPT

40 ml ungesüßter Sojadrink
1 TL mittelscharfer Senf
1 TL Zitronensaft
160 ml Rapsöl
1 TL Ahornsirup
Salz, Pfeffer

1 Sojadrink, Senf und Zitronensaft in den Mixer füllen und verschließen. Den Mixer zuerst auf kleinster Stufe ca. 30 Sek. laufen lassen. Dann bei laufendem Motor das Öl langsam durch die Deckelöffnung dazugießen. (Alternativ Sojadrink, Senf, Zitronensaft und Öl in einen hohen Rührbecher geben und mit dem Pürierstab mixen.)

2 Die Mayonnaise mit Ahornsirup, ¼ TL Salz und 2 Prisen Pfeffer würzen. Passt zu Hotdogs, Pommes frites, frittiertem Gemüse und Fisch oder als Zutat in andere Saucen.

GU **CLOU**

Diese Mayonnaise braucht kein Ei – im Gegensatz zum Klassiker. Denn das im Sojadrink enthaltene Sojalecithin übernimmt hier die Rolle des Emulgators und macht die Mayo schön cremig.

SÜSSES

Auf ins süße Finale: Die verführerischen Leckereien reichen von Bananen-Kaffee-Brot und Papaya-Quark-Strudel über Birnen-Walnuss-Schnecken bis hin zu Roter Grütze und Mango-Sorbet. Echtes Naschglück – und das ganz ohne tierische Produkte!

Für 4 Personen • 20 Min. Zubereitung • 1 Std. Kühlen • Pro Portion ca. 380 kcal, 9 g E, 14 g F, 53 g KH

VEGAN COOKIE DOUGH

GUT VORZUBEREITEN

220 g gegarte Kichererbsen (aus dem Beutel)
6 El blütenzarte Haferflocken
50 g Cashew-Mus
3 EL Ahornsirup
4 El Rohrohrzucker
50 ml Mandeldrink
2 TL Vanilleextrakt
2 Prisen Zimtpulver
Salz
2 EL gebrannte Mandeln
50 g dunkle Schokotropfen

1 Kichererbsen abtropfen lassen. Eine Schüssel mit warmem Wasser füllen. Die Kichererbsen hineingeben und zwischen den Händen aneinanderreiben, bis sich die äußeren Häutchen lösen. Zwischendurch mit der Hand einen Wasserwirbel erzeugen und die oben schwimmenden Häutchen mit einem Schaumlöffel abschöpfen. Danach die Kichererbsen zurück in das Sieb geben und abtropfen lassen, dabei evtl. noch sichtbare gelöste Häutchen entfernen.

2 Die Haferflocken im Blitzhacker fein zermahlen. Kichererbsen, Cashew-Mus, Ahornsirup, Rohrzucker, Mandeldrink, Vanilleextrakt, Zimtpulver und 2 Prisen Salz hinzufügen und alles kräftig durchmixen. Dann 5 Min. quellen lassen und erneut durchmixen. Cookie Dough mit Salz abschmecken und mind. 1 Std. kühl stellen.

3 Mandeln fein hacken, mit den Schokotropfen unter den Cookie Dough mischen. Sofort servieren. Schmeckt auch als Brotaufstrich.

Für 4 Personen • 10 Min. Zubereitung • 1 Std. Kühlen • Pro Portion ca. 365 kcal, 7 g E, 21 g F, 42 g KH

KEY-LIME-PIE IM GLAS

ERFRISCHEND

4 Bio-Limetten
280 g vegane Frischkäsealternative
150 g vegane Skyralternative
6 EL Zucker
100 g vegane Kekse (z. B. Zitronenkekse)
⅓ TL Agar-Agar
2 Minzeblätter

1 Limetten heiß waschen und abtrocknen. Die Schale abreiben, den Saft auspressen. Frischkäse und Skyr in einer Schüssel mit 4 EL Zucker, 4 EL Limettensaft und der Hälfte der Limettenschale verrühren.

2 Die Kekse grob zerbröckeln und auf vier Dessertgläser verteilen. Die Frischkäsecreme daraufgeben. Restlichen Limettensaft (4 EL) mit 2 EL Zucker und Agar-Agar in einem Topf erhitzen und lauwarm abkühlen lassen. Das abgekühlte Gelee über die Creme träufeln und alles zugedeckt ca. 1 Std. in den Kühlschrank stellen.

3 Zum Servieren Minzeblätter waschen, trocken tupfen und fein hacken, dann mit dem übrigen Zucker verreiben. Übrige Limettenschale untermischen. Die Desserts aus dem Kühlschrank nehmen, mit Limetten-Minze-Zucker bestreuen, sofort servieren.

Für 4 Portionen • 50 Min. Zubereitung • 12 Std. Kühlen • Pro Portion ca. 520 kcal, 14 g E, 15 g F, 83 g KH

SCHUPFNUDELN MIT KIRSCHEN

GÜNSTIG

750 g mehligkochende Kartoffeln
3 Eier (M)
Salz
ca. 150 g Mehl
1 Glas Kirschen (360 g Abtropfgewicht)
1 EL Speisestärke
4 EL Butter
2 Scheiben Zwieback
1 Pck. Vanillezucker
2 EL Puderzucker
Mehl zum Arbeiten

1 Die Kartoffeln gründlich waschen, knapp mit Wasser bedeckt aufkochen und 20–25 Min. kochen. Abgießen, kurz abkühlen lassen, pellen und über Nacht auskühlen lassen. Am nächsten Tag Kartoffeln durch eine Kartoffelpresse drücken. Eier, ½ TL Salz und nach und nach das Mehl unterkneten. Evtl. noch etwas mehr Mehl unterkneten, sodass ein glatter Teig entsteht. Den Teig auf einer bemehlten Arbeitsfläche portionsweise zu ca. 5 cm dicken Rollen formen. Diese in ca. 1 cm dicke Scheiben schneiden und zu Schupfnudeln rollen. Auf einem bemehlten Tablett ausbreiten.

2 Die Schupfnudeln portionsweise in siedendem Wasser in 2–3 Min. gar ziehen lassen. Mit einem Schaumlöffel herausnehmen, abtropfen lassen.

3 Für das Kompott die Kirschen abgießen, den Saft auffangen und in einem Topf aufkochen. Die Stärke mit wenig kaltem Wasser glatt verquirlen, in die kochende Flüssigkeit rühren und erneut aufkochen, bis sie andickt. Die Kirschen untermischen und beiseitestellen.

4 10 g Butter in einer großen beschichteten Pfanne erhitzen. Zwieback zerbröseln und in der Butter anrösten, aus der Pfanne nehmen. Pfanne ausreiben. Vanille- und Puderzucker mischen. Übrige Butter in der Pfanne zerlassen. Schupfnudeln darin in 2–3 Min. goldbraun anbraten, mit der Zuckermischung bestäuben und kurz karamellisieren lassen. Mit geröstetem Zwieback bestreuen und mit dem Kompott servieren.

GU **CLOU**

Beim Anbraten und Karamellisieren bekommen die Schupfnudeln eine knusprige Kruste und ein tolles Aroma.

Für 4 Personen • 15 Min. Zubereitung • 2 Std. Ruhen • Pro Portion ca. 215 kcal, 4 g E, 19 g F, 6 g KH

KOKOSGELEE

EINFACH

400 g Kokosmilch (Dose) • ½ TL Agar-Agar • 1 Msp. Salz • 1 EL Zucker • 1 Limette • 3 EL essbare Blüten

1 Die Kokosmilch mit Agar-Agar, Salz und Zucker in einem Topf einmal aufkochen und ca. 2 Min. köcheln lassen, dann vom Herd ziehen.

2 Die Limette halbieren, den Saft auspressen und portionsweise unter das Gelee rühren.

3 Das Kokosgelee noch warm in eine flache Form füllen, ca. 2 Std. abkühlen und fester werden lassen, dann mit den Blüten bestreuen.

Für 4 Personen • 10 Min. Zubereitung • 2 Std. Ruhen • Pro Portion ca. 70 kcal, 1 g E, 0 g F, 5 g KH

ERDBEEREN IN ROSÉ

FÜR GÄSTE

300 ml milder veganer Roséwein • ¼ TL Agar-Agar • 200 g reife Erdbeeren • 1 TL Zucker (nach Belieben) • 4 Sektschalen oder Dessertgläser

1 Roséwein mit Agar-Agar in einem kleinen Topf einmal kurz aufkochen und ca. 2 Min. köcheln lassen. Dann den Topf vom Herd ziehen und das Gelee einige Minuten abkühlen lassen.

2 Inzwischen die Erdbeeren kalt abbrausen, entkelchen und fein schneiden. Nach Belieben mit Zucker bestreuen und ca. 5 Min. ziehen lassen.

3 Erdbeeren in die Gläser verteilen, das Gelee angießen. Bei Raumtemperatur etwa 2 Std. fest werden lassen. Nach Belieben gekühlt servieren.

Für 40 Stück • 10 Min. Zubereitung •
25 Min. Backen •
Pro Stück ca. 60 kcal, 1 g E, 2 g F, 9 g KH

SHORTBREAD

GÜNSTIG

120 g zimmerwarme vegane Margarine • 130 g Zucker • ½ Bio-Zitrone • 220 g Mehl • 80 g Maisstärke • 1 flache Backform (ca. 25 × 20 cm) • vegane Margarine für die Form

1 Ofen auf 160° vorheizen. Margarine mit 80 g Zucker schaumig schlagen. Zitrone heiß waschen. Schale fein abreiben und mit übrigem Zucker (50 g) mischen. Zitronensaft auspressen.

2 Das Mehl mit der Stärke in die Margarine sieben und alles mit dem Handrührgerät bei mittlerer Geschwindigkeit zu einem glatten Teig verarbeiten, dabei den Zitronensaft angießen.

3 Form fetten, den Teig einfüllen und im Ofen (Mitte) ca. 25 Min. backen, bis er an der Oberfläche trocken ist. Herausnehmen, mit dem Zucker-Mix bestreuen und abkühlen lassen. In der Form in kleine fingerstarke Stücke schneiden.

Für 4 Personen • 20 Min. Zubereitung •
20 Min. Kühlen • •
Pro Portion ca. 160 kcal, 4 g E, 8 g F, 17 g KH

MANGO-SORBET

FRUCHTIG

2 reife Mangos • 1 Limette • 100 ml Mandeldrink • 50 g Mandelblättchen • 8 Kräuterblüten, z. B. Basilikum (ersatzweise Minzeblättchen) • 2 EL Heidelbeeren (nach Belieben)

1 Mangos schälen, das Fruchtfleisch möglichst nah vom Stein und in grobe Würfel schneiden. Für ca. 20 Min. in das Tiefkühlfach geben.

2 Die Limette halbieren, den Saft auspressen. Mangostücke, Limettensaft und Mandeldrink in einen hohen Rührbecher geben und mit dem Pürierstab cremig-fein pürieren.

3 Nach Wunsch noch für ca. 30 Min. ins Tiefkühlfach geben und kalt werden lassen. Vor dem Servieren mit Mandelblättchen, Basilikumblüten und nach Belieben mit Heidelbeeren garnieren.

Für 4 Personen • 25 Min. Zubereitung • 30 Min. Backen • Pro Portion ca. 510 kcal, 19 g E, 22 g F, 53 g KH

SÜSSE LASAGNE MIT APRIKOSEN

SOMMER-REZEPT

1 Päckchen Sahnepuddingpulver (für 500 ml Milch; zum Kochen)
300 ml Milch
40 g Zucker
2 EL Mohn
500 g reife Aprikosen (ersatzweise 1 große Dose Aprikosenhälften)
30 g Amarettini-Kekse
1 EL Butter
250 g Magerquark
2 Eier (M)
6 Lasagneplatten

AUSSERDEM
Fett für die Form
Puderzucker (nach Belieben)

1 Puddingpulver mit 50 ml Milch glatt rühren. Übrige Milch mit Zucker und Mohn aufkochen. Angerührtes Puddingpulver mit einem Schneebesen einrühren, unter Rühren erneut aufkochen und ca. 1 Min. köcheln lassen. In eine Rührschüssel füllen und lauwarm abkühlen lassen.

2 Backofen auf 180° vorheizen. Aprikosen waschen, halbieren und entsteinen bzw. Aprikosen aus der Dose abgießen und gut abtropfen lassen. Kekse zerbröseln und mithilfe einer Gabel mit 1 EL Butter verkneten.

3 Auflaufform (ca. 25 × 15 cm; 1,2 l Inhalt) fetten. Quark und Eier unter den Pudding rühren. Formboden mit Lasagneplatten auslegen. Etwas Creme darauf verteilen, mit Aprikosen belegen. Wieder mit Lasagneplatten, Creme und Aprikosen belegen. Zutaten auf diese Weise einschichten, mit Creme und Aprikosen enden. Im heißen Ofen (Mitte) 25–30 Min. backen. Ca. 10 Min. vor Ende der Garzeit mit Keksbröseln bestreuen. Nach Belieben mit Puderzucker bestäubt servieren.

Für 4 Personen • 30 Min. Zubereitung • 17 Min. Backen • 1 Std. 20 Min. Kühlen • Pro Portion ca. 325 kcal, 6 g E, 13 g F, 44 g KH

PUDDINGBURGER MIT ERDBEEREN

FRÜHLINGS-REZEPT

1 Pck. veganes Vanillepuddingpulver
50 g Zucker
200 ml Sojadrink
110 g Mehl
1 TL Backpulver
150 g kohlensäurehaltiges Mineralwasser
30 g Öl
1 EL Kakaopulver
150 g Erdbeeren
100 g vegane aufschlagbare Pflanzencreme
Puderzucker zum Bestreuen (nach Belieben)

AUSSERDEM
4er-Silikon-Cupcake- oder Muffinform
4 Holzspieße

TAUSCH-TIPP
Außerhalb der Erdbeersaison passen Pflaumen, Bananen oder Trauben. Mit Schokopudding und Gewürzen wie Zimt und Kardamom wird's winterlich.

1 Die Hälfte des Puddingpulvers mit 1 EL Zucker und 50 ml Sojadrink glatt rühren. Den übrigen Drink (150 ml) in einem kleinen Topf zum Kochen bringen und das angerührte Puddingpulver einrühren. Aufkochen lassen und vom Herd nehmen. In eine Schüssel umfüllen, ca. 20 Min. abkühlen lassen und dann zugedeckt ca. 1 Std. in den Kühlschrank stellen.

2 Inzwischen den Ofen auf 160° vorheizen. Die Silikonform mit kaltem Wasser ausspülen. Restlichen Zucker (40 g), übriges Puddingpulver, Mehl und Backpulver in einer Schüssel mischen. Mineralwasser und Öl dazugeben und alles mit einem Schneebesen zügig zu einem klümpchenfreien Teig verrühren.

3 Die Hälfte des Teiges in zwei Mulden füllen. Den Kakao zum restlichen Teig geben und unterrühren, den dunklen Teig in zwei weitere Mulden füllen. Den Teig im Ofen (Mitte) ca. 17 Min. backen. Die Muffins herausnehmen und auf einem Kuchengitter auskühlen lassen. Anschließend quer halbieren.

4 Inzwischen die Erdbeeren waschen, putzen und vom Ansatz befreien. 2 Erdbeeren halbieren, den Rest in dünne Scheiben schneiden. Die Sahne aufschlagen. Den Pudding einmal durchrühren, die geschlagene Sahne unterheben und die Creme auf 2 hellen und 2 dunklen Muffinunterteilen verteilen. Die Erdbeerscheiben daraufschichten und mit den jeweils andersfarbigen Muffinoberteilen abdecken. Die Puddingburger mit den Erdbeerhälften garnieren, mit Holzspießen fixieren und nach Belieben mit Puderzucker bestreuen.

Für 1 Kastenform (25 cm Länge), 12 Stücke • 15 Min. Zubereitung • 45 Min. Backen • Pro Stück ca. 225 kcal, 3 g E, 12 g F, 29 g KH

BANANEN-KAFFEE-BROT

SCHNELL

200 g Mehl
2 TL Backpulver
¼ TL gemahlene Bourbon-Vanille
1 Prise Salz
150 g Zucker (z. B. Vollrohr- oder Kokosblütenzucker)
50 g gemahlene Haselnusskerne
2 Bananen
100 ml Rapsöl
40 ml Kaffee
100 ml Haferdrink

AUSSERDEM

Öl für die Form (ersatzweise vegane Pflanzenmargarine)

1 Den Backofen auf 185° vorheizen. Die Kastenform fetten. Mehl, Backpulver, Vanille, Salz, Zucker und Haselnüsse in einer Schüssel mischen. Die Bananen schälen, grob klein schneiden und mit Rapsöl, Kaffee und Haferdrink in einem hohen Rührbecher mit dem Pürierstab fein mixen. Die Bananenmischung zu den trockenen Zutaten in die Schüssel geben. Alles mit den Rührbesen des Handrührgeräts zu einem cremigen Teig verrühren.

2 Den Teig gleichmäßig in der Kastenform verteilen und glatt streichen. Den Kuchen im heißen Ofen (Mitte) 40–45 Min. backen (Stäbchenprobe machen). Sollte die Oberfläche gegen Ende der Backzeit zu dunkel werden, die Form mit Alufolie abdecken. Das Bananen-Kaffee-Brot anschließend kurz abkühlen lassen, dann aus der Form lösen und vollständig auskühlen lassen.

Für 1 Springform (20 cm ∅), 12 Stücke • 30 Min. Zubereitung • 35 Min. Backen • Pro Stück ca. 295 kcal, 2 g E, 19 g F, 27 g KH

SAFTIGER SCHOKOLADENKUCHEN

FÜR KINDER

180 g Mehl
4 EL Kakaopulver
200 g Kokosblütenzucker
2 TL Backpulver
½ TL gemahlene Vanille
100 ml Haferdrink
150 ml Mineralwasser mit Kohlensäure
1 TL veganer Apfelessig
50 ml Rapsöl
160 g Kakaobutter
1 TL Kokosöl

AUSSERDEM

Öl für die Form (ersatzweise vegane Pflanzenmargarine)

1 Den Backofen auf 185° vorheizen. Die Springform fetten. Mehl, Kakaopulver, Zucker, Backpulver und Vanille in einer Schüssel mischen. Haferdrink, Mineralwasser, Apfelessig und Öl verrühren und zu den trockenen Zutaten geben. Alles kurz mit den Rührbesen des Handrührgeräts cremig rühren. Die Kakaobutter mit dem Kokosöl über dem heißen Wasserbad schmelzen und unter den Teig rühren.

2 Den Teig gleichmäßig in der Form verteilen und glatt streichen. Den Schokoladenkuchen im heißen Ofen (Mitte) ca. 35 Min. backen (Stäbchenprobe machen). Anschließend abkühlen lassen, aus der Form lösen und vollständig auskühlen lassen.

Für 4 Personen • 20 Min. Zubereitung • 1 Std. Kühlen • Pro Portion ca. 325 kcal, 2 g E, 16 g F, 42 g KH

ROTE GRÜTZE MIT SAHNE

EINFACH

250 ml Schwarzer Johannisbeernektar
5 EL Rohrohrzucker
1 EL Speisestärke
500 g TK-Beerenmischung
200 g Sahne

1 Den Johannisbeernektar mit 4 EL Zucker in einem Topf aufkochen und köcheln, bis sich der Zucker gelöst hat.

2 Die Speisestärke mit 3 EL kaltem Wasser glatt rühren und zur Nektarmischung geben. Alles unter Rühren einmal aufkochen und andicken lassen.

3 Die Beerenmischung untermischen. Die Grütze in eine Schüssel füllen und abgedeckt ca. 1 Std. kalt stellen.

4 Vor dem Servieren die Sahne mit dem übrigen Zucker (1 EL) halbsteif schlagen. Die Rote Grütze in Gläser füllen und die Sahne daraufgeben oder dazu servieren.

Für 4 Personen • 30 Min. Zubereitung • 1 Std. 30 Min. Kühlen • Pro Portion ca. 415 kcal, 9 g E, 24 g F, 41 g KH

APFEL-HONIGMANDEL-DESSERT

GUT VORZUBEREITEN

500 g säuerliche Äpfel (z. B. Boskop oder Elstar)
½ Bio-Zitrone
4 EL flüssiger Honig
80 g Mandelblättchen
500 g griechischer Joghurt (10 % Fett)

1 Äpfel schälen, vierteln, entkernen und in ca. 2 cm große Stücke schneiden. Zitrone heiß waschen und trocken reiben, ein großes Stück Schale dünn abschälen und den Saft auspressen. Äpfel mit Zitronenschale und -saft, 3 EL Wasser und 2 EL Honig in einem Topf aufkochen und zugedeckt bei kleiner Hitze in 10–15 Min. weich dünsten. Dann die Mischung mit dem Pürierstab fein pürieren oder mit einer Gabel zerdrücken. Abkühlen lassen.

2 Inzwischen die Mandeln in einer beschichteten Pfanne ohne Fett bei mittlerer Hitze in ca. 5 Min. goldbraun rösten. Den übrigen Honig gut untermischen. Die Honigmandeln auf ein Stück Backpapier geben, glatt streichen und abkühlen lassen.

3 Den Joghurt glatt rühren und abwechselnd mit dem Apfelmus in Gläser schichten. Das Dessert ca. 1 Std. kalt stellen. Zum Servieren die Honigmandeln darauf verteilen.

Für 8 Personen • 45 Min. Zubereitung • Pro Portion ca. 585 kcal, 7 g E, 44 g F, 39 g KH

WAFFELTORTE MIT MANGOCREME

FÜR GÄSTE

FÜR DEN TEIG
80 g weiche Butter
60 g Puderzucker
2 Eier (M)
150 g Mehl
2 TL Kakaopulver
200 g Sahne

FÜR DIE FÜLLUNG
1 Bio-Limette
250 g Mascarpone
2 EL Puderzucker
2 EL Kokosnusspulver
2 reife Mangos
200 g Sahne

AUSSERDEM
evtl. Butter für das Waffeleisen

TEIG: Die Butter mit dem Puderzucker mit den Rührbesen des Handrührgeräts cremig schlagen. Die Eier einzeln zugeben und unterrühren. Das Mehl mit dem Kakaopulver mischen, mit der Sahne zugeben und unterrühren.

BACKEN: Ein Herzwaffeleisen evtl. fetten, dann auf mittlerer Stufe aufheizen. Ein Viertel des Teiges in die Mitte des Waffeleisens geben und etwas verstreichen. Das Waffeleisen schließen und den Teig in ca. 3 Min. zu einer goldbraunen Waffel backen. Die fertige Waffel aus dem Waffeleisen heben und auf ein Kuchengitter setzen. Aus dem restlichen Teig 3 weitere Waffeln backen. Zum Auskühlen nebeneinander auf das Gitter legen.

FÜLLUNG: Die Limette heiß waschen, trocken reiben, die Schale fein abreiben, den Saft auspressen. Den Mascarpone mit Puderzucker, Limettensaft, drei Vierteln der Limettenschale sowie Kokosnusspulver verrühren. Die Mangos schälen, einige dünne Scheiben abschneiden und beiseitelegen. Restliches Fruchtfleisch vom Kern schneiden, sehr klein würfeln, unter den Mascarpone ziehen. Die Sahne steif schlagen und unterheben.

FERTIGSTELLEN: Eine abgekühlte Waffel auf eine Platte setzen, mit einem Viertel der Mangocreme bestreichen, mit einer zweiten Waffel abdecken. Restliche Waffeln und Creme abwechselnd aufeinanderschichten, mit Creme abschließen, diese mit den Mangoscheiben garnieren und mit der restlichen Limettenschale bestreuen. Die Torte sofort servieren.

PAPAYA-QUARK-STRUDEL

FRUCHTIG

Für 4 Personen • 30 Min. Zubereitung • 25 Min. Backen • Pro Portion ca. 515 kcal, 14 g E, 32 g F, 37 g KH

3 Eigelb (Größe M)
125 g weiche Butter
500 g Limettenquark (aus dem Kühlregal)
1 reife Papaya (ca. 400 g)
1 Pck. Strudelteig (120 g; 2 × 2 Strudelblätter, aus dem Kühlregal; z. B. Tante Fanny)

TAUSCH-TIPP
Je nach saisonalem Angebot können Sie den Strudel mit anderen Früchten abwandeln: Nicht nur Papayastücke harmonieren gut mit dem Limettenquark, sondern auch Aprikosen, Heidelbeeren, Brombeeren, Süß- oder Sauerkirschen.

FÜLLUNG: Die Eigelbe und 100 g Butter in einer Rührschüssel mit den Rührbesen des Handrührgeräts hellcremig schlagen. Den Limettenquark esslöffelweise unterrühren (Bild 1). Die Papaya halbieren und die Kerne mit einem Löffel entfernen, die Hälften schälen und in ca. 1 cm große Würfel schneiden (Bild 2).

TEIG: Den Backofen auf 200° vorheizen. Ein Backblech mit Backpapier auslegen. Die übrige Butter (25 g) in einem kleinen Topf zerlassen. Den Strudelteig nach Packungsanweisung vorbereiten. Ein Strudelteigblatt auf ein sauberes, feuchtes Küchentuch legen und an der unteren Längsseite mit Butter bepinseln (Bild 3). Mit einem weiteren Teigblatt quer belegen.

ROLLEN: Die Hälfte der Quarkmasse auf die untere Hälfte vom Teig geben und gleichmäßig verstreichen, dabei an allen Seiten einen 3–4 cm breiten Rand frei lassen. Die Hälfte der Papayawürfel darauf verteilen (Bild 4). Die Ränder links und rechts über die Quarkmasse klappen. Den Strudel mithilfe des Tuchs vorsichtig einrollen (Bild 5). Den Teigrand am Ende mit etwas flüssiger Butter bestreichen und den Strudel ganz einrollen.

BACKEN: Den Strudel mithilfe des Tuchs mit der Naht nach unten auf das Backblech legen. Den zweiten Strudel mit den übrigen beiden Teigblättern und der restlichen Füllung auf die gleiche Art zubereiten und ebenfalls auf das Blech legen. Die Strudel mit der übrigen Butter bestreichen und im Ofen (Mitte) ca. 25 Min. backen. Herausnehmen, in jeweils 4 Portionsstücke schneiden und lauwarm servieren (Bild 6).

Für 4 Personen • 20 Min. Zubereitung • 25 Min. Backen • Pro Portion ca. 495 kcal, 7 g E, 26 g F, 54 g KH

SAUERKIRSCH-MOHN-CRUMBLE

SCHNELL

500 g TK-Schattenmorellen (entsteint)
100 g weiche Butter
100 g brauner Zucker
125 g Dinkelmehl (Type 630)
50 g gemahlener Mohn

AUSSERDEM
runde Auflaufform (ca. 24 cm ∅)
Butter für die Form

1 Den Backofen auf 200° vorheizen. Die Auflaufform mit Butter fetten. Die Kirschen antauen lassen.

2 Für die Streusel die Butter mit dem Zucker in einer Schüssel mit den Rührbesen des Handrührgeräts gut verrühren. Das Mehl und den Mohn einer zweiten Schüssel mischen. Die Mehlmischung zur Buttermischung geben und alles mit den Knethaken des Handrührgeräts oder mit den Händen zu groben Streuseln verkneten.

3 Die Kirschen in der Auflaufform verteilen und die Streusel daraufgeben. Den Sauerkirsch-Mohn-Crumble im Ofen (Mitte) in ca. 25 Min. goldbraun backen. Herausnehmen und warm servieren. Dazu passt Vanillesauce oder Vanilleeis.

Für 10 Stück • 20 Min. Zubereitung • 20 Min. Backen • Pro Stück ca. 185 kcal, 4 g E, 6 g F, 28 g KH

BIRNEN-WALNUSS-SCHNECKEN

GUT VORZUBEREITEN

50 g Walnusskerne
50 g brauner Zucker
300 g reife, aber feste Birnen (z. B. Forelle)
1 EL Zitronensaft
1 Pck. frischer Hefeteig mit Butter (450 g; aus dem Kühlregal)

1 Den Backofen auf 180° vorheizen. Ein Backblech mit Backpapier belegen. Die Walnüsse hacken und in einer beschichteten Pfanne ohne Fett bei mittlerer Hitze rösten. Vom Herd nehmen, etwas abkühlen lassen und mit dem Zucker mischen. Die Birnen schälen, vierteln, entkernen, grob raspeln und sofort mit Zitronensaft beträufeln.

2 Teig direkt aus dem Kühlschrank verarbeiten. Mitsamt Backpapier entrollen und mit einer Gabel mehrmals einstechen. Nüsse daraufstreuen und Birnen darauf verteilen. Von einer Längsseite her mithilfe des Papiers einrollen, das Papier nicht mit einwickeln. Rolle mit der Naht nach unten auf die Arbeitsfläche legen und mit einem scharfen Messer in 12 gleich dicke Scheiben (3–4 cm) schneiden.

3 Schnecken mit etwas Abstand zueinander auf das Blech legen und im Ofen (Mitte) in ca. 20 Min. goldbraun backen. Herausnehmen und auf einem Kuchengitter abkühlen lassen.

REGISTER

Vegane Rezepte, die im Buch mit einem gekennzeichnet sind, sind hier grün abgesetzt.

A

Albóndigas in Tomatensauce 38
Antipasti mit Ei, grüne 34
Apfel
- Apfelbrot 08
- Apfel-Honigmandel-Dessert 209

Aprikosen, süße Lasagne mit 203
Artischocken
- Artischocken-Risotto 153
- Spitzkohl-Risotto 165

Asia-Pasta mit Shiitake 119
Auberginen
- Auberginen mit Raita 50
- Caponata 36
- Linsen-Auberginen-Salat 74
- Walnusspolenta mit Auberginen 124

Avocado
- Avocado mit Bruschetta-Füllung 25
- Backkartoffeln mit Quarkdip 162
- Breakfast-Bowl mit Rührtofu 18
- Guacamole mit Rucola und Nüssen 183
- Kiwi-Avocado-Aufstrich 10
- Waffelburger mit Karamell 21

B

Backkartoffeln mit Quarkdip 162
Bananen
- Bananen-Kaffee-Brot 206
- Bananen-Kirsch-Aufstrich 10

Bauernlaib 06
BBQ-Sauce, Smoky- 190
Birchermüsli, Chai-Spice- 15
Birnen-Walnuss-Schnecken 215
Blumenkohl
- Blumenkohl-Quinoa-Salat 68
- Blumenkohl-Wings 177
- Kartoffel-Blumenkohl-Curry 101

Bohnen
- Bohnensalat mit Sesamsauce 66
- Burritos mit Kürbis 45
- Eintopf mit Ricotta-Klößchen 89
- Grüne Antipasti mit Ei 34
- Indische Linsenpfannkuchen 168
- Lasagne mit geschmorten Pilzen 149
- Roasted-Jalapeño-Hummus 183
- Sommer-Minestrone 98
- Weiße Bohnen mit Quinoa 170

Börek – Schafskäseröllchen 26
Bratnudeln, scharfe Erdnuss- 131
Brazilian Overnight-Oats 15
Breakfast-Bowl mit Rührtofu 18
Brezenknödel-Burger 174
Brot
- Apfel-Brot 08
- Bananen-Kaffee-Brot 206
- Bauernlaib 06
- Brotsalat mit Kräuter-Salsa 76
- Quark-Rosinen-Brot 09

Buchweizen-Kakao-Brei 17
Bulgur
- Bulgur-Gratin mit Chili-Kokos-Kruste 115
- Harissa-Bulgur-Salat 75
- Taboulé mit Granatapfel 85

Bunte Gemüse-Paella 152
Bunter Krautsalat 77
Burritos mit Kürbis 45

C

Caesar Salad mit Räuchertofu 65
Caponata 36
Chai-Spice-Birchermüsli 15
Chutney
- Mango-Chutney 189
- Tomaten-Dattel-Chutney 188

Couscous
- Marokko-Couscous-Topf 117
- Warmer Couscoussalat mit Schafskäse 72

Cremige Grünspargelsuppe 95
Curry
- Currysuppe mit Erdnüssen 90

Dattel-Curry-Sauce 191
Grünes Gemüse-Curry 104
Kartoffel-Blumenkohl-Curry 101
Kürbis-Curry-Aufstrich 187
Rotes Curry mit Tofu-Hack 108
Zucchini-Möhren-Curry 106

D

Datteln
Dattel-Curry-Sauce 191
Labneh mit Datteln 182
Tomaten-Dattel-Chutney 188

E

Eier
Gersotto mit Ei 133
Grüne Antipasti mit Ei 34
Shakshuka 160
Eintopf mit Ricotta-Klößchen 89
Erdapfelkas 51
Erdbeeren
Erdbeeren in Rosé 200
Puddingburger mit Erdbeeren 205
Erdnüsse
Currysuppe mit Erdnüssen 90
Frühlingsrollen 42
Gemüse in Linsensauce 103

F

Falafel-Burger 173
Feigen-Ziegenkäse-Aufstrich 12
Fenchel-Pasta-Salat 80
Feta
Linsen-Auberginen-Salat 74
Sigara Börek – Schafskäseröllchen 26
Spinat-Mandel-Tarte mit Feta 142
Warmer Couscoussalat mit Schafskäse 72
Wassermelonen-Feta-Salat 84
Flammkuchen-Sticks 29
Fritters
Linsen-Fritters 48
Mais-Fritters mit Tomaten 135
Frühlingsrollen 42

G

Gazpacho, grüner 94
Geeiste Nudelbowl 39
Gefüllte Kartoffelklöße 138
Gefüllte Süßkartoffeln mit Kichererbsengemüse 120
Gemüse in Linsensauce 103
Gemüse-Biryani 167
Gemüse-Curry, grünes 104
Gemüse-Korma 58
Gemüse-Paella, bunte 152
Gemüse-Seitan-Schaschlik 41
Gemüse-Spirelli mit Tahin 127
Gemüsepfanne mit Mozzarella 178
Gersotto mit Ei 133
Gnocchi mit Kirschtomaten 155
Grüne Antipasti mit Ei 34
Grüner Gazpacho 94
Grüner Gemüse-Salat 70
Grünes Gemüse-Curry 104
Grünkohl, Rote Linsensuppe mit 92
Guacamole
Guacamole mit Rucola und Nüssen 183
Hirsepuffer mit Guacamole und Tomaten-Mais-Salsa 122
Gulasch, Kartoffel-Gemüse- 147
Gurken-Minze-Raita (Tipp) 79
Gyoza mit Dip 46

H

Harissa-Bulgur-Salat 75
Hirse
Hirse-Porridge mit Pekannüssen 14
Hirsepuffer mit Guacamole und Tomaten-Mais-Salsa 122
Hollandaise
Ofengemüse mit Petersilien-Hollandaise 158
Schnelle Hollandaise 185
Hummus
Hummus mit Roter Bete 13
Paprika-Hummus 186
Quinoasalat mit Hummus 69
Roasted-Jalapeño-Hummus 183

I/J

Indische Linsenpfannkuchen 168

Jalapeño-Hummus,
Roasted- 183
Joghurt
Apfel-Honigmandel-
Dessert 209
Auberginen mit Raita 50
Gemüse-Korma 58
Gurken-Minze-Raita
(Tipp) 79
Harissa-Bulgur-Salat 75
Joghurtsuppe 100
Smoothie-Bowl 14

K

Kartoffelklöße, gefüllte 138
Kartoffeln
Backkartoffeln mit
Quarkdip 162
Erdapfelkas 51
Gefüllte Kartoffelklöße 138
Kartoffel-Blumenkohl-
Curry 101
Kartoffel-Gemüse-
Gulasch 147
Kartoffel-Kürbis-Puffer 134
Kartoffel-Steckrüben-
Gratin 163
Runzelkartoffeln mit
Mojo 54
Samosas mit Kartoffel-
füllung 52
Käse
Erdapfelkas 51
Feigen-Ziegenkäse-
Aufstrich 12
Gemüsepfanne mit
Mozzarella 178
Käse-Makkaroni-Topf 128
Linsen-Auberginen-
Salat 74
One-Pot-Pasta
Caprese 129
Sigara Börek – Schafs-
käseröllchen 26
Spinat-Mandel-Tarte
mit Feta 142
Süßkartoffeln mit
Bergkäse 156
Warmer Couscoussalat
mit Schafskäse 72
Wassermelonen-Feta-
Salat 84
Key-Lime-Pie im Glas 197
Kichererbsen
Gefüllte Süßkartoffeln mit
Kichererbsengemüse 120
Gemüse-Spirelli mit
Tahin 127
Hummus mit Roter Bete 13
Kichererbsen-Pasta-
Eintopf 99
Kichererbsensalat 79
Paprika-Hummus 186
Quinoasalat mit
Hummus 69
Vegan Cookie Dough 196
Warmer Couscoussalat
mit Schafskäse 72
Kirschen
Bananen-Kirsch-
Aufstrich 10
Sauerkirsch-Mohn-
Crumble 214
Schupfnudeln mit
Kirschen 199
Kiwi-Avocado-Aufstrich 10
Kohl
Bunter Krautsalat 77
Rote Linsensuppe mit
Grünkohl 92
Rotkohl-Slaw-Wraps
mit Lupine 31
Kohlrabicremesuppe 110
Kokos
Bulgur-Gratin mit
Chili-Kokos-Kruste 115
Kokosgelee 200
Süßkartoffel-Kokos-
Suppe 97
Krautsalat, bunter 77
Kürbis
Burritos mit Kürbis 45
Kartoffel-Kürbis-Puffer 134
Kürbis-Curry-Aufstrich 187
Kürbis-Paprika-Dip 182
Kürbissuppe 93
Mango-Kürbis-Creme 11

L

Labneh mit Datteln 182
Lasagne
Lasagne mit geschmorten
Pilzen 149
Süße Lasagne mit
Aprikosen 203
Lauch-Spargel-Suppe
mit Pilzen 96
Linsen
Gemüse in Linsen-
sauce 103
Indische Linsenpfann-
kuchen 168
Linsen-Auberginen-
Salat 74
Linsen-Fritters 48
Rote Linsensuppe mit
Grünkohl 92
Löffelsalat 67
Lupinen
Lupinenfilet mit
Gemüse 179

Rotkohl-Slaw-Wraps mit Lupine 31

M

Mais
- Hirsepuffer mit Guacamole und Tomaten-Mais-Salsa 122
- Mais-Fritters mit Tomaten 135

Mandeln
- Apfel-Honigmandel-Dessert 209
- Ricotta-Muschelnudeln mit Spargel 141
- Spinat-Mandel-Tarte mit Feta 142
- Vegan Cookie Dough 196

Mango
- Mango-Chutney 189
- Mango-Kürbis-Creme 11
- Mango-Sorbet 201
- Mini-Tostadas mit Mango-Salsa 28
- Waffeltorte mit Mango-creme 210

Marokko-Couscous-Topf 117
Mayonnaise ohne Ei 193
Meerrettich-Rote-Bete-Creme 187
Minestrone, Sommer- 98
Mini-Burgerspieße 59
Mini-Tostadas mit Mango-Salsa 28
Misosüppchen mit Tofu 91

Möhren
- Eintopf mit Ricotta-Klößchen 89
- Fenchel-Pasta-Salat 80
- Gemüse in Linsen-sauce 103
- Gemüse-Spirelli mit Tahin 127
- Gemüsepfanne mit Mozzarella 178
- Grünes Gemüse-Curry 104
- Harissa-Bulgur-Salat 75
- Hirsepuffer mit Guacamole und Tomaten-Mais-Salsa 122
- Kartoffel-Gemüse-Gulasch 147
- Marokko-Couscous-Topf 117
- Ofengemüse mit Peter-silien-Hollandaise 158
- Rotkohl-Slaw-Wraps mit Lupine 31
- Zucchini-Möhren-Curry 106

Mozzarella
- Gemüsepfanne mit Mozzarella 178
- One-Pot-Pasta Caprese 129

Müsliburger 20

N

Nudeln
- Asia-Pasta mit Shiitake 119
- Fenchel-Pasta-Salat 80
- Geeiste Nudelbowl 39
- Käse-Makkaroni-Topf 128
- Kichererbsen-Pasta-Eintopf 99
- Lasagne mit geschmorten Pilzen 149
- Nudelbowl mit frittierten Tofuwürfeln 144
- One-Pot-Pasta Caprese 129
- One-Pot-Pasta mit Spinat 116
- Ricotta-Muschelnudeln mit Spargel 141
- Scharfe Erdnuss-Brat-nudeln 131
- Schupfnudeln mit Kirschen 199
- Tomatensuppe mit Nudeln 111

O

Ofengemüse mit Petersilien-Hollandaise 158
One-Pot-Pasta Caprese 129
One-Pot-Pasta mit Spinat 116
Overnight-Oats, Brazilian 15

P

Paella, bunte Gemüse- 152
Papaya-Quark-Strudel 212

Paprika
- Bunte Gemüse-Paella 152
- Gemüse-Seitan-Schaschlik 41
- Grüner Gazpacho 94
- Grünes Gemüse-Curry 104
- Kartoffel-Gemüse-Gulasch 147
- Kürbis-Paprika-Dip 182
- Löffelsalat 67
- Lupinenfilet mit Gemüse 179
- Paprika-Hummus 186
- Roasted-Jalapeño-Hummus 183
- Rotes Curry mit Tofukack 108
- Runzelkartoffeln mit Mojo 54

Shakshuka 160
Warmer Couscoussalat mit Schafskäse 72
Zucchini-Pimientos-Pfanne 164
Pfannkuchen, indische Linsen- 168
Pflaumenpaste mit Walnuss-Krokant 11
Pizza
Pizzaburger 60
Pizzawaffeln mit Tomatensalat 32
Polenta-Pizza mit Tomaten, Zwiebeln und Pesto 150
Polenta
Polenta-Pizza mit Tomaten, Zwiebeln und Pesto 150
Tomaten-Zucchini-Polenta 171
Walnusspolenta mit Auberginen 124
Puddingburger mit Erdbeeren 205

Q

Quark
Backkartoffeln mit Quarkdip 162
Papaya-Quark-Strudel 212
Quark-Rosinen-Brot 09
Quinoa
Blumenkohl-Quinoa-Salat 68
Quinoasalat mit Hummus 69

R

Reis
Artischocken-Risotto 153
Bunte Gemüse-Paella 152
Burritos mit Kürbis 45
Gemüse-Biryani 167
Indische Linsenpfannkuchen 168
Spitzkohl-Risotto 165
Sushi-Burger 172
Zucchini-Möhren-Curry 106
Ricotta
Eintopf mit Ricotta-Klößchen 89
Ricotta-Muschelnudeln mit Spargel 141
Risotto
Artischocken-Risotto 153
Gersotto mit Ei 133
Spitzkohl-Risotto 165
Roasted-Jalapeño-Hummus 183
Rote Bete
Hummus mit Roter Bete 13
Rote-Bete-Meerrettich-Creme 187
Rote-Bete-Tomaten-Crumble 136
Rote Grütze mit Sahne 208
Rote Linsensuppe mit Grünkohl 92
Rotes Curry mit Tofukack 108
Rotkohl-Slaw-Wraps mit Lupine 31
Runzelkartoffeln mit Mojo 54

S

Saftiger Schokoladenkuchen 207
Samosas mit Kartoffelfüllung 52
Sauerkirsch-Mohn-Crumble 214
Schafskäse
Linsen-Auberginen-Salat 74
Sigara Börek – Schafskäseröllchen 26
Spinat-Mandel-Tarte mit Feta 142
Warmer Couscoussalat mit Schafskäse 72
Wassermelonen-Feta-Salat 84
Scharfe Erdnuss-Bratnudeln 131
Schnelle Hollandaise 185
Schokoladenkuchen, saftiger 207
Schupfnudeln mit Kirschen 199
Sesam-Minze-Dip 191
Shakshuka 160
Shortbread 201
Sigara Börek – Schafskäseröllchen 26
Smoky-BBQ-Sauce 190
Smoothie-Bowl 14
Sommer-Minestrone 98
Sorbet, Mango- 201
Spargel
Cremige Grünspargelsuppe 95
Lauch-Spargel-Suppe mit Pilzen 96
Ricotta-Muschelnudeln mit Spargel 141
Spinat
One-Pot-Pasta mit Spinat 116

Spinat-Mandel-Tarte mit Feta 142
Spinat-Nuss-Paste 186
Spitzkohl-Risotto 165
Steckrüben-Gratin, Kartoffel- 163
Strudel, Papaya-Quark- 212
Sushi-Burger 172
Süße Lasagne mit Aprikosen 203
Süßkartoffeln
Gefüllte Süßkartoffeln mit Kichererbsengemüse 120
Süßkartoffel-Kokos-Suppe 97
Süßkartoffeln mit Bergkäse 156

T

Taboulé mit Granatapfel 85
Tarte, Spinat-Mandel- mit Feta 142
Tofu
Breakfast-Bowl mit Rührtofu 18
Caesar Salad mit Räuchertofu 65
Gemüse-Seitan-Schaschlik 41
Misosüppchen mit Tofu 91
Nudelbowl mit frittierten Tofuwürfeln 144
Rotes Curry mit Tofuhack 108
Tomaten
Albóndigas in Tomatensauce 38
Caponata 36
Gnocchi mit Kirschtomaten 155
Hirsepuffer mit Guacamole und Tomaten-Mais-Salsa 122
Mais-Fritters mit Tomaten 135
One-Pot-Pasta Caprese 129
Pizzawaffeln mit Tomatensalat 32
Polenta-Pizza mit Tomaten, Zwiebeln und Pesto 150
Rote-Bete-Tomaten-Crumble 136
Tomaten-Dattel-Chutney 188
Tomaten-Zucchini-Polenta 171
Tomatensauce (Tipp) 156
Tomatensuppe mit Nudeln 111
Shakshuka 160
Tostadas mit Mango-Salsa, Mini- 28

V

Vegan Cookie Dough 196
Vegane Käsesauce 190
Veggie-Bällchen 56

W

Waffelburger mit Karamell 21
Waffeltorte mit Mangocreme 210
Walnüsse
Birnen-Walnuss-Schnecken 215
Pflaumenpaste mit Walnuss-Krokant 11
Walnusspolenta mit Auberginen 124
Warmer Couscoussalat mit Schafskäse 72
Wassermelonen-Feta-Salat 84
Weiße Bohnen mit Quinoa 170
Wraps mit Lupine, Rotkohl-Slaw- 31
Würziger Burgersalat 83

Z

Ziegenkäse-Aufstrich mit Feigen 12
Zucchini
Tomaten-Zucchini-Polenta 171
Zucchini-Möhren-Curry 106
Zucchini-Pimientos-Pfanne 164

Abkürzungsverzeichnis:
E = Eiweiß
EL = Esslöffel (gestrichen)
F = Fett
kcal = Kilokalorien
KH = Kohlenhydrate
Msp. = Messerspitze
Pck. = Päckchen
TK = Tiefkühl
TL = Teelöffel (gestrichen)
Ø = Durchmesser

SOYANANDA
FEINSTE LECKERBISSEN
DAS SOYANA-SCHLARAFFENLAND 130 LEBENSMITTEL
BIOVEGI-GENUSS
HILFT ROHES VERDAUEN
100 MIO LEBENDIGE LACTO-BAZILLEN IN JEDEM TL
DIE PERFEKTE ALTERNATIVE ZU SAUERRAHM!
ERHÄLTLICH IM GUTEN BIOFACHHANDEL
ALTERNATIVE ZU FRISCHKÄSE, KRÄUTER-KNOBLAUCH
ALTERNATIVE ZU RAHM-FRISCHKÄSE /CREAM CHEESE
ALTERNATIVE ZU SAUER-RAHM, 200 G NATURE
DIE SANFTE REVOLUTION!
• REIN PFLANZLICH & BEKÖMMLICH
• 100% OMEGA-3 DES TAGESBEDARFES IN 100 G SOYANANDA
• FERMENTIERTE BIOSOYA-LEBENSMITTEL • FRISCH: NICHT PASTEURISIERT
VEGETALIEN-PFLANZLICH 100% VEGAN
bio
INFO:
SOYANA.CH
SHOP.SOYANA.COM
SOYANA.CH/REZEPTE
SOYANA.CH/SOYANANDA
soyana
BioVegi-Pionier seit 1981!

APPETIT AUF MEHR?

ISBN 978-3-8338-7570-0

ISBN 978-3-8338-4474-4

ISBN 978-3-8338-2201-8

ISBN 978-3-8338-7892-3

ISBN 978-3-8338-8044-5

ISBN 978-3-8338-8432-0

e Auch als eBook erhältlich.

G|U

Mehr von GU auf **www.gu.de** und **facebook.com/gu.verlag**

LIEBE LESERINNEN UND LESER,

wir wollen Ihnen mit diesem Buch Informationen und Anregungen geben, um Ihnen das Leben zu erleichtern oder Sie zu inspirieren, Neues auszuprobieren. Wir achten bei der Erstellung unserer Bücher auf Aktualität und stellen höchste Ansprüche an Inhalt und Gestaltung. Alle Anleitungen und Rezepte werden von unseren Autoren, jeweils Experten auf ihren Gebieten, gewissenhaft erstellt und von unseren Redakteur*innen mit größter Sorgfalt ausgewählt und geprüft.

Haben wir Ihre Erwartungen erfüllt? Sind Sie mit diesem Buch und seinen Inhalten zufrieden? Wir freuen uns auf Ihre Rückmeldung. Und wir freuen uns, wenn Sie diesen Titel weiterempfehlen, in Ihrem Freundeskreis oder bei Ihrem Online-Kauf.

Sollten wir Ihre Erwartungen so gar nicht erfüllt haben, tauschen wir Ihnen Ihr Buch jederzeit gegen ein gleichwertiges zum gleichen oder ähnlichen Thema um.

KONTAKT ZUM LESERSERVICE

GRÄFE UND UNZER VERLAG
Grillparzerstraße 12
81675 München
www.gu.de

IMPRESSUM

GU ist eine eingetragene Marke der GRÄFE UND UNZER VERLAG GmbH, www.gu.de

ISBN 978-3-8338-8731-4
1. Auflage 2022

Projektleitung: Nathalie Künzl
Lektorat: Adriane Andreas
Korrektorat: Christian Wolf
Umschlaggestaltung: ki36 Editorial Design, Sabine Krohberger, München
Innenlayout: independent Medien-Design, Horst Moser, München
Herstellung: Petra Roth
Satz: Reemers Publishing Services GmbH
Reproduktion: medienprinzen GmbH
Druck + Bindung: Firmengruppe APPL, aprinta druck, Wemding
Printed in Germany

BILDNACHWEIS:

Klaus Arras: Seite 10, 11, 12, 13
Vivi D'Angelo: Seite 45, 184, 193
Maria Grossmann und Monika Schürle: Seite 20, 21, 59, 60, 77, 83, 84, 85, 110, 111, 162, 163, 172, 173, 174, 176, 178, 179, 190, 191, 205, 208, 209, 213, 214, 215
Julia Hoersch: Seite 26, 41, 66, 67, 72, 119, 128, 129, 133, 147, 170, 171
JUNI: Seite 206, 207, 210
Coco Lang: Seite 14, 15, 18, 25, 28, 29, 36, 38, 39, 47, 65, 68, 69, 76, 90, 91, 92, 93, 96, 97, 98, 99, 106, 115, 116, 117, 120, 123, 144, 149, 151, 153, 182, 183, 196, 197, 200, 201
Mathias Neubauer: Seite 50, 51, 54, 138, 155, 199
Wolfgang Schardt: Seite 6, 8, 9, 17, 34, 42, 94, 95, 160, 164, 165, 203
Anke Schütz: Seite 30, 32, 70, 74, 75, 89, 108, 124, 127, 131, 134, 135, 136, 141, 142, 152, 156, 158, 186, 187
Katrin Winner: Seite 48, 53, 56, 58, 79, 80, 100, 101, 103, 104, 167, 168, 188, 189

Syndication: www.seasons.agency

UMWELTHINWEIS:

Nachhaltigkeit ist uns sehr wichtig. Der Rohstoff Papier ist in der Buchproduktion hierfür von entscheidender Bedeutung. Daher ist dieses Buch auf PEFC-zertifiziertem Papier gedruckt. PEFC garantiert, dass ökologische, soziale und ökonomische Aspekte in der Verarbeitungskette unabhängig überwacht werden und lückenlos nachvollziehbar sind.

Die GU-Homepage finden Sie unter www.gu.de

GRÄFE UND UNZER
Ein Unternehmen der
GANSKE VERLAGSGRUPPE